AF209562

Eveline Roegiers

Itinérances

novum pro

www.novumpublishing.fr

© 2022 novum publishing

ISBN 978-3-99131-216-1
Relecture: Kathleen Moreira
Photos de couverture: Irochka,
Olena Churilova | Dreamstime.com
Création de couverture,
mise en page et paragraphe:
novum publishing
Illustrations: Eveline Roegiers
Photo d'autrice:
Eveline Roegiers

Les illustrations fournies par l'autrice
ont été imprimées dans la meilleure
qualité possible.

www.novumpublishing.fr

Tous droits pour la distribution
sont réservés: par voie de cinéma,
de radio ou de télévision, de
reproduction photomécanique,
de tout support de son, de
reproduction même partielle et
de supports informatiques.

Imprimé dans l'Union européenne
sur du papier écologique, blanchi
sans chlore ni acide.

Climate neutral
Print product
ClimatePartner.com/16547-2201-1002

À mon frère... Patrick ROEGIERS

Pendant son enfance, Fanny avait été marquée par les colères homériques de son frère Patrick, ses crises de rage, ses coups de poings à l'égard de son jeune frère qui volait à travers les carreaux de la fenêtre.

Ces scènes étaient d'une violence terrible. Fanny courait alors se réfugier sous son lit dans sa chambre, criait après son père qui arrivait abruptement, enlevait ses lunettes, s'efforçait de séparer ses deux frères qui s'entretuaient.

Patrick était rebelle, instable et impulsif. Les murs de la maison tremblaient pendant ses pétages de plombs. Personne ne comprenait ses crises de fureur qui dérangeaient l'équilibre familial.

Dès avant sa naissance, il s'y adonnait, déjà en entier, des pieds à la tête, de tout son cœur, écrit-il dans son roman « La Vie de Famille ».

Le départ de son frère

53 ans s'étaient écoulés depuis le départ fatidique de son frère du cocon familial. La mémoire de Fanny était intacte.

Elle avait été aux premières loges de ce « vaudeville burlesque » le samedi 23 septembre 1967.

Son départ volcanique soi-disant « foutu à la porte par ses parents », c'était un samedi et non un vendredi comme il l'a écrit.

Fanny fut priée par sa mère d'aller le chercher. Il avait sa chambre sous les combles de l'immeuble.

Le dîner prêt, il était de nouveau en retard. Comme tous les samedis, le poulet servi, les frites refroidissaient. Ce n'était pas un self-service chez ses parents, les repas en famille étaient sacrés, ces principes fondamentaux disparus de nos jours, son frère ne s'en souciait pas vraiment et manifestait une forme de manque de respect.

Fanny monta les deux étages, toqua à sa porte, il dormait toujours, sa copine près de lui. Les minutes se succédaient de quart d'heure en quart d'heure, Fanny répétait affolée : « Viens manger, tu vas te faire gronder une fois de plus ». Elle n'eut pas le temps de réaliser, son père furieux était déjà sur le palier, un coup de rage de son frère et c'était reparti.

Il ne s'agissait nullement de flanquer leur fils à la porte. Une belle surprise pour ses 20 ans, son cadeau d'anniversaire, comme son frère Patrick le relatait dans son roman.

Les événements s'envenimèrent subitement. Déjà il ne se contrôlait plus, il avait empoigné son père, lui cracha une boule de salive purulente, amère à la figure.

Pour lui, son seul délit était d'être le fils de ses parents...
Il les haïssait.

Tétanisée, Fanny hurlait. Elle prit peur qu'il pousse son père dans l'escalier. Sa mère arriva, paniquée, elle appela la police. La scène était pitoyable, apocalyptique. Ce 23 septembre 1967, voilà comment son frère décida de quitter cet environnement familial qu'il ne supportait plus à en avoir la nausée.

Il s'était mis lui-même à la porte. Rien n'avait été programmé par ses parents.

Il aurait voulu que *ceux-ci se fracassent le dos et le crâne dans l'escalier* pour *qu'ils finissent au milieu des flammes dans les profondeurs de l'enfer où s'agitent les damnés de la terre.*

Un des agents de police s'interposa à temps pour éviter le pire.

Pour lui, sa famille, sa sœur, ses frères avaient instantanément cessé d'exister à tout jamais. Fanny ne reçut plus jamais de ses nouvelles.

Les rancœurs ne sont jamais effacées... et ne s'effaceront jamais.

« On peut blâmer son enfance, accuser indéfiniment ses parents de tous les maux qui nous accablent. Les rendre coupables des épreuves de la vie, de nos faiblesses, de nos lâchetés. Mais finalement, est-on responsable de notre propre existence, devient-on qui on a décidé d'être ? » (Marc Levy)

Lettre à Fanny

Une connaissance personnelle qui, après avoir lu le livre « Une vie de Famille » m'a transmis ce courrier qui parle à toi seul, Patrick :

« Ma dernière rencontre avec ton frère remonte à la fin des années septante à l'occasion d'un repas un dimanche midi.

Je m'en souviens fort bien car c'est le seul jour où nous nous sommes vus une paire d'heures et qu'une violente altercation nous a opposés.

Ton frère recommandait sans réserve un théâtre avantgardiste dans l'air du temps de cette époque avec une exigence affirmée de percevoir les subsides publics nécessaires à la réalisation de ses desideratas. De mon côté, je préférais que ces subsides soient alloués à la mise en scène de pièces de répertoire classique (Corneille, Racine, Molière, Montherlant, Sartre...) contribuant ainsi à la formation des étudiantes et étudiants des classes de poésie et de rhétorique de l'enseignement secondaire supérieur.

Ce jour-là, je me suis fait une première opinion sur ton frère, pas trop bienveillante, je le confesse.

Aujourd'hui, lui qui se dit intellectuel n'est finalement qu'un être fracassé en quête de reconnaissance et qui, je le pense, considère depuis toujours ne devoir fréquenter qu'un milieu à la hauteur de ses qualités de penseur et d'auteur reconnu.

Ces propos à l'égard de sa mère et de son père témoignent à suffisance de sa méchanceté et de son insolence.

S'abaisser d'une telle manière afin qu'il puisse, le croit-il, être enfin compris est proprement détestable.

Chaque mère, chaque père aime son enfant d'une manière différente. Chaque mère, chaque père commet des erreurs et ce n'est pas demain que sortira de presse un traité pour éducation idéale des enfants.

Puisse ton frère comprendre un jour que pardonner à ses parents en reconnaissance de ce qu'ils nous ont donné ou qu'ils auraient voulu nous donner mais que leur chemin de vie ne l'auront pas permis de faire nous grandit bien plus que de se complaire en enfant délaissé traitant ses parents avec une intolérance et un mépris inqualifiable.

Je me réjouis aujourd'hui de ne pas m'être trompé sur l'opinion que j'avais de ton frère il y a longtemps déjà.

Si elle n'était pas bienveillante à l'époque, elle confine à une déconsidération totale.

J'espère pourtant que ta réponse à ce roman, véritable diatribe inexcusable, apportera à ton frère la modération et la sérénité qu'il n'a pas, à l'évidence, su ou pu accepter depuis quatre décennies. »

Le Bonheur Perdu

Ce dimanche 26 janvier 2020, Fanny repartait en Espagne. Elle était venue une semaine en Belgique pour deux séances de radiothérapie. Le soleil, trop de soleil, examinée à la loupe, sa dermatologue lui avait découvert un début de cancer de la peau.

À l'aéroport, elle reçut un mail très bref de son frère aîné qui disait :

– Sais-tu que ton frère Patrick a écrit un livre sur notre famille intitulé « La Vie de Famille » (Grasset) ?

Perturbée, elle éprouva ce besoin irrépressible de rentrer en contact avec lui. Les librairies étant fermées, elle ne pouvait se procurer le livre, découvrir son contenu. Elle alla instinctivement sur Internet.

Patrick ROEGIERS dédicacera son livre à la Librairie Filigranes à Bruxelles. Dans les jours qui suivirent, elle contacta la responsable qui refusa de lui donner le mail ou le téléphone de son frère.

– Mais je suis sa sœur, il parle sûrement de nos parents, de moi, de nous, de notre enfance, dit-elle.

Exaspérée, elle finit par envoyer un message à la librairie pour que l'on remette un message à son frère.

Qu'avait-il écrit dans ce livre ? Sur qui ? Ses parents ? Leur enfance ? Trop de questions, d'incompris, de mystères la taraudaient.

Elle n'avait reçu aucun album de famille de ses frères ni quelconque meubles ou objets de l'héritage. Rien, oubliée du jour au lendemain, à jamais. Ce manque de présence qu'elle avait ressenti toute son adolescence après le départ de Patrick la hantait, la poursuivait jusqu'à en devenir ingérable à certains moments. Un sentiment de solitude l'inondait au cours des événements de sa vie comme un sort maléfique qui lui avait été jeté et qui se perpétrait.

L'abominable réalité

La presse annonçait déjà des titres tonitruants et percutants.

Fanny parcourait entre les lignes chaque article, chaque ligne avec obsession. Ses pensées s'entrechoquaient.

Un livre à l'acide, une haine familiale, les mots heurtent et sont d'une rare cruauté, d'une extrême violence psychologique. L'envie de nuire, de détruire, la nausée survient. Le livre est d'une éructation continuelle, les images choquent.

La critique littéraire était sans équivoque, la façon dont son frère relatait sa relation avec ses parents était infâme.

Elle fût immédiatement écœurée.

Celui qui diffame ses parents pue. (Adages abyssins)

On ne peut quand même pas traîner quelqu'un dans la boue sans se salir un peu soi-même. Critiquer les autres, c'est s'exposer à la critique, se disait-elle.

Son frère se vantait d'avoir pris plaisir à écrire ce livre, un besoin pour comprendre sa propre histoire. Qu'il faisait de la rupture un mode de fonctionnement et qu'il était marqué à vie. Toutes ces brisures, ces ruptures soudaines, il les répétait tout au long de sa vie. Il serait toujours seul, toujours foutu à la porte, tant de ruptures, de colère. Il avait hérité de constances caractérielles. La faute aux autres peut-être ?

Rien n'est plus aisé que de critiquer la conduite d'autrui et de s'en divertir (proverbe latin).

Anéantie de parcourir ces articles médiatiques, Fanny alla bientôt découvrir à la lecture du roman cette haine inassouvie et insoutenable qu'il cultivait à l'égard de ses parents, surtout contre sa mère, une indifférence exacerbée pour ses frères, sa sœur. Une colère qui provoqua chez lui un début d'AVC au moment de la parution du livre au point de mettre en stand-by les interviews planifiées.

Elle se souvenait vaguement qu'elle avait bien essayé à plusieurs reprises de reprendre contact avec lui mais en vain, de lui avoir même rendu visite il y a plus de 30 ans, espérant établir un peu de contact et de complicité. En sortant de chez lui, elle fut prise d'un mal-être qu'elle eut difficile à contrôler. L'accueil avait été glacial, le dialogue inexistant. Qui était réellement son frère pour lui témoigner tant d'indifférence ? Où était-il lui, « le théâtre de Guignol » comme elle l'appelait pendant son enfance ?

On dit souvent que le temps guérit toutes les blessures. Non, elles demeurent intactes mais avec le temps notre esprit, afin de mieux se protéger, recouvre ses blessures de bandages et la douleur diminue mais elle ne disparaît jamais.

Tous ces souvenirs confus et éloignés finissaient par l'embrouillarder. Elle ne parvenait même plus à mettre des dates, un ordre chronologique à tous ces événements mais se souvenait de lui. Il laissait transparaître un regard ténébreux, un air moqueur et malicieux qui la glaçait.

2009 à la côte.

Patrick ROEGIERS enchaînait les dédicaces pour la parution d'un de ses romans à Knokke. Fanny y habitait avec son fils. Elle se mit machinalement dans la file puis, impatiente et tremblante de se trouver par hasard après tant d'années en face de lui, arrive son tour.

– C'est pour qui ? À quel nom ?

– Pour ta sœur...

Il daigna relever la tête, et répondit d'un air suffisant :

– Je ne savais même pas que j'avais une sœur...

Elle lui proposa de le voir après ses dédicaces. Il promit de venir avec sa femme et ses enfants. Personne n'est venu.

Fanny et son fils ont attendu vainement et inutilement comme deux pantins décontenancés.

Quelques mois plus tard, Fanny apprit le décès de son papa. L'enterrement de leur père fut un véritable cauchemar.

Par quel hasard se trouva-t-elle dans la voiture de son frère avec sa femme ? Un silence de mort régnait ! Était-ce Fanny, à son tour, qu'ils conduisaient à la morgue ? N'en pouvant plus, elle demanda à sa femme :

– Et toi, ça va ? Tu deviens quoi ? Tu fais quoi ?

– Je fais des mousses au chocolat, répondit-elle.

Plus un regard, ni de lui, ni d'elle et pas un mot de plus.

Clouée sur son siège, Fanny resta abasourdie, muette à son tour.

Par pures convenances personnelles, il avait écrit dans son roman :

La famille au complet, les frères et sœurs qui sanglotent à se briser les côtes, les enfants qui n'ont pas l'air heureux de se revoir.

Nous sommes des étrangers les uns pour les autres.

Notre passé est désormais sans mémoire.

Nous n'avons plus de souvenirs en commun.

Nous sommes frappés d'amnésie. Tout a été sapé par un cataclysme... Nos rires, nos jeux, nos chansons, nos disputes, nos secrets...

Oui, nous avions tous les signes d'une enfance choyée, enviable.

Nous étions insouciants et ne manquions de rien.

Fanny continua sa lecture...

Je ne sais rien d'eux, de leur vie, mes frères et ma sœur ne me manquent pas, je ne sais même pas où ils habitent. On s'est perdu de vue et si d'aventure on se croisait dans la rue, on ne se reconnaîtrait même pas ! Ma mère nous a dressé pour nous haïr les uns contre les autres.

Pour son frère, Fanny était-elle le miroir de sa mère qu'il haïssait tant ?

Pourquoi une telle absence, une telle indifférence ?

Ne s'agissait-il pas plutôt d'une autodestruction qui le dévastait peut-être au travers de son existence et dont il rendait sa mère la seule coupable ?

Était-il le pyromane de son propre vécu ?

Une lueur d'espoir

Après la parution du roman « La Vie de Famille », son frère commença pourtant à répondre à Fanny de façon douce, même affective. Elle l'avait contacté par e-mail.

Il promit de lui rendre son enfance, lui donner son manuscrit, les albums de famille. Il lui avoua que quand il avait appris qu'elle avait essayé de le contacter, il s'était mis à pleurer comme un enfant.

Fanny se sentit bouleversée. Il se limita toutefois à ces simples échanges mais le dialogue semblait réciproque :

« Ne t'inquiète pas, pas de problème. Il ne sert à rien de se soucier de ce qui va se résoudre avec le temps, repose-toi bien, le soleil brillera demain… »

« À lire le récit de ta vie que tu écris comme tu l'as dit, mon avis est que tu devrais glisser un peu d'ironie et de la couleur qui éclate dans tes merveilleux intérieurs et extérieurs, plein de rouge (couleur du désir) de coussins, de fantaisie et de joie comme dans ta peinture. Évite la complaisance dans l'autocritique, la noirceur, c'est inutile. »

« Tu es une sacrée bonne femme, surprenante, débordante de vie, jeune, optimiste, généreuse, exigeante, pleine d'allant, de courage, de créativité et de réactivité. Le bonheur n'est pas loin mais en toi. »

« Il s'invente chaque seconde. Laisse le passé derrière toi, il ne sert plus à rien. Je t'embrasse tendrement. »

« J'attends de te lire, dis ce que tu veux, à ta façon, tu écris très bien, ça va ? Je t'embrasse. Un conseil : continue à écrire (ça marche

bien) avec plaisir et innocence, sans te soucier d'éditions. Ce n'est
vraiment pas le moment, va au bout, au but ! »

« *Continue d'avancer, ne t'arrête pas et ne te retourne pas. J'ai*
jeté un coup d'œil, le ton est le même, incisif, assez surprenant
comme tu écris. Une sorte de roman-photo en texte. Continue de
t'amuser, libère tes fantasmes et ta fantaisie. Je suis surpris et
diverti. Je t'embrasse. »

Tout allait pour le mieux. Elle était ravie et heureuse d'être
enfin en contact avec son frère.

Avec insistance, il lui demanda son ressenti sur son livre.

Après avoir longtemps hésité, Fanny lui répondit. Elle était
trop intègre pour tricher. Son ressenti n'allait pas dans le sens
de son frère. Se rendait-il compte de la souffrance qu'elle pouvait
subir à la lecture de son roman ? Rien n'avait été épargné.

L'infection était partout depuis le début du livre jusqu'à la
fin. Ce roman comportait des passages venimeux. Il blasphémait
la mémoire de ses parents défunts, elle lui fit part franchement
qu'elle ne pouvait cautionner son histoire de famille.

Le ton changea radicalement. Il lui répondit alors :

« *Tu es narcissique, doloriste, dépressive, un petit cachet pour*
te calmer, calmer tes anxiétés »

« *Tout cela est misérable, traumatisant, épouvantable, mais le*
temps passé comme tu sais ne se rattrape pas. »

« *Je crois qu'il est mieux de tourner la page, enfin* »

« *Bonne chance pour ce qui vient* »

Fanny ne pouvait rien se reprocher. Elle avait juste espéré
le trouver, le retrouver en tant que frère. Moins l'écrivain qui
lui était étranger.

Le dialogue était devenu tendu et provoqua chez elle de
l'angoisse. Cette relation serait-elle pour toujours à ce point

mortifère ? Elle se disait que finalement ce livre reflétait la personnalité belliqueuse de son frère et faisait resurgir des blessures qu'elle laissait enfouies en elle qui n'avaient jamais été guéries, qu'elle continuait à traîner tout au long de sa vie.

Elle reçut un dernier mail qui allait anéantir toutes ses attentes, ses illusions. Il la somma de ne plus le contacter. Il l'avait supprimée définitivement de ses contacts.

– *Toi qui a traité mon livre par-dessus la jambe et la presse, tu en es loin, il vaut mieux ne pas s'illusionner.*

Elle écrivit à son frère aîné pour lui faire part de l'impact qu'avait eu sur elle ce livre. Avait-il, lui aussi, une image aussi pitoyable de ses parents ? Il lui répondit brièvement ces quelques lignes :

« *Patrick n'est qu'un grand lâche, envieux et frustré. Désolé de l'impact qu'a eu ce livre sur toi. Honteux de Patrick. C'est vraiment quelqu'un de pas bien et je reste poli. Ce livre est fabriqué dans un but commercial niveau tabloïd. Les quatre enfants ont eu une jeunesse très agréable, privilégiée dans tous ses aspects (Patrick a eu exactement la même). Les parents nous aimaient tous les quatre. Et puis Fanny est arrivée. Une princesse tant attendue. Sa maman lui témoignait un amour fou. Il était persuadé que Fanny avait ressenti le même amour. Il reconnaissait qu'il avait été le préféré de sa mère avant l'arrivée de Fanny. Quant à son père, il partageait beaucoup d'activités avec son frère Patrick. Tous les deux passionnés de foot, de cyclisme, allaient ensemble au match de foot. Comme il lui écrivait, le père était plutôt effacé, taciturne, la mère extravertie. Tous les albums de famille étaient en possession de son frère Patrick, ce qui lui avait permis d'écrire son livre.* »

Il termina son mail par ces quelques mots :

« *Je t'admire d'avoir eu un ton conciliant avec Patrick. S'il avait osé écrire sur ma femme la moitié de ce qu'il a osé écrire sur l'accident de ton compagnon, je lui aurais envoyé mon avocat.* »

Dans les semaines qui suivirent, plus de nouvelles de lui non plus.

Fanny se sentit inexistante aux yeux de ses deux frères aînés. S'étaient-ils souciés de l'existence de leur sœur pendant toutes ces années après leur enfance ?

Rien n'avait été dit mais tout était détruit entre eux depuis le début.

Qui était responsable de ce séisme déchirant ? Fanny ne savait toujours pas y répondre après le mail de son frère aîné.

Elle continua pourtant la lecture de ce funeste roman jusqu'à la fin et découvrit que son frère Patrick haïssait aussi son frère aîné, le traitait « *de chien galeux, de lâche, d'envieux, d'imbécile prétentieux, rancunier, inapte à l'oubli et au pardon, l'expatrié de service, le banni, le proscrit, le renégat, l'exilé volontaire que nul au pays ne regrette* ».

« *Quant au plus jeune, il n'était qu'un séminariste défroqué, un huissier endimanché, un compas fermé* ».

Décidément, personne, vraiment personne n'avait été épargné !

Il avait beau se convaincre que son livre était un roman, s'agissait-il d'un règlement de compte ? De roman il n'y avait que le titre. Pour son récit, rien de romanesque dans tous les cas.

Elle jeta alors un coup d'œil sur les quelques photos que Patrick lui avait envoyées de lui. Elle et lui avaient bien une ressemblance physique... Sauf dans le regard.

Ce regard torturé, déchiqueté, frustré, comme si plein de haine lui fit peur.

Même le yorkshire de ses parents était décrit comme « *un clebs hideux, clébard velu* » et en parlant de ses parents, lors de leur divorce, « *l'un prenant la gueule et les aboiements, l'autre l'arrière-train et les excréments* ».

Son frère Patrick, lors de son dernier mail lui avait précisé ne plus jamais vouloir entendre parler d'elle, il avait tourné la page, ne changerait pas un mot de son livre. Il lui reprochait de ne pas avoir lu tous ses livres. Selon ses dires :

« Un mot tout de même : je crois qu'on ne salit rien quand les parents se salissent eux-mêmes. Une mère qui dit qu'elle n'en est pas une parce qu'elle n'en a pas eu ; un père qui démissionne de la fonction paternelle en appelant les flics, parfaits substituts parentaux, lisez un peu de psychanalyse, David Cooper que j'ai lu il y a longtemps de cela dans « Mort de la Famille », un classique pour qui un minimum de lettres. Assez de psychologie, de bons sentiments, de bonne conscience et de familialisme niais. Mon livre n'est ni un document ni un récit. Enlevez la psychologie (il n'y en a pas, dans aucun de mes livres, mais vous ne les avez pas lus, il est vrai) ; même « Le mal du pays », autobiographie de la Belgique où j'écris que tout le pays tient dans la chambre finale du père ou dans une tomate aux crevettes ! À chacun sa grille de lecture. Un auteur a le droit, et le devoir de tout dire. C'est vieux comme le monde ! Et encore, je n'ai pas tout dit...

Fermez vos œillères : la prétendue sincérité n'est pas la vérité. Le passé n'est pas facile à passer, je le sais.

Moi, j'ai tourné la page et je ne changerai pas un mot !

Je n'y reviendrai plus, basta. »

Sa tentative de rapprochement avait à jamais échoué.

La susceptibilité de son frère démesurée en rapport à une remarque interprétée comme une attaque personnelle avait suscité un refus de communication. L'origine de celle-ci était-elle assimilée à des blessures narcissiques qui remontaient à son enfance ?

Il s'appuyait probablement sur des arguments peu tangibles et sur ses propres délires d'interprétations de la réalité pour aboutir à des idées de persécution, de préjudice et sa propre victimisation. Son type de comportement s'étendait probablement en réseau. Tout hasard, accident de vie, confrontations avec ses parents étaient jugés intentionnels et malveillants à son égard.

Le passé est devenu invisible. A quoi bon rétablir ce qui a été détruit. Désespérante illusion...

« N'oublie jamais que tout est éphémère, alors tu ne seras jamais trop joyeuse dans le bonheur ou trop triste dans le malheur »

(Socrate).

Je n'appartiens à aucune famille. Le temps perdu ne se rattrape pas. On ne revient pas en arrière, il est trop tard maintenant.

Seules ces lignes extraites de son livre étaient partagées par elle.

Fanny n'appartenait à aucune famille.

Ce 9 septembre 2020, de retour en Belgique, Fanny fixait le colis déposé sur la table du salon qui contenait probablement les photos de son enfance et surtout celles avec sa mère. Elle avait tant attendu ce moment.

Son frère Patrick avait tenu parole. Il lui avait envoyé quelques albums. Pas un mot d'accompagnement. Il l'avait rejetée d'emblée. Définitivement. Comme avec sa mère.

Elle parcourut les albums plusieurs fois et ne conserva que peu de photos. Quelques-unes de ses frères, l'un et l'autre enlaçant leur sœur. Ils semblaient si insouciants, complices, heureux. Ce temps envolé ne reviendra jamais. Les liens qui les unissaient durant leur enfance étaient rompus à jamais.

Fanny ne garda en souvenir que ces quelques moments magiques. Tout s'était arrêté à l'adolescence. Il n'y avait pas eu de suite comme dans les films « Happy End ». La pellicule avait été détruite. Elle avait été une enfant épanouie, son enfance fût une période magique. Elle y avait cru dur comme fer, de façon inébranlable, peut-être même de manière trop crédule à ce bonheur constant. Elle était loin de se douter qu'à l'adolescence elle connaîtrait un bonheur fragilisé, perturbé, après le départ de ses deux frères, surtout celui de Patrick. Elle vécut son départ comme un véritable abandon. Ce sentiment alla la poursuivre au cours des événements de sa vie.

Elle ne put se détacher de ses souvenirs avec sa maman. À travers ces quelques photos, la plupart noires et blanches, usées par le temps, se dégageait un amour sublime, éternel. Sa mère l'enlaçait, lui tenait la main, ne vivait qu'à travers la naissance de sa fille. Après trois garçons et plusieurs avortements, cette naissance avait été une véritable allégresse. Fanny était sa princesse.

Pendant quelques instants, Fanny s'évada alors du réel, repartit dans ses rêves d'enfant.

Le week-end, ses deux frères aînés organisaient des soirées théâtre ou lecture de leur petite sœur. Ils dressaient le théâtre de bois, se déguisaient, récitaient ou inventaient des histoires puisées à travers les récits des bandes dessinées, des livres de la Comtesse de Ségur, cette trilogie inoubliable des « Petites

Filles Modèles », « Les Vacances », ou encore « Les Malheurs de Sophie » dont Fanny raffolait. Elle connaissait par cœur toutes ces mésaventures.

enfants avec maman

Fanny enchaîna ses lectures avec la collection des « Martine », les collections roses et vertes, les histoires des schtroumpfs, de Quick et Flupke. Elle raffolait de ces soirées abracadabrantesques, de son « théâtre de Guignol ». À l'heure d'aller se coucher, son frère aîné devait traîner sa sœur jusqu'à sa chambre. Fanny hurlait, ne voulait jamais aller dormir. Enfouie sous ses couvertures, elle entendait Patrick se mettre en colère pour n'importe quelle futilité contre son petit frère. Il se faisait un plaisir de le terroriser. Il était déjà colérique, caractériel, hystérique. Sans répit, il dérangeait, ébranlait, perturbait l'équilibre familial.

Subitement, le visage de Fanny devint obscur.

Elle pensa inéluctablement au livre de son frère, à son contenu.

Dégoûtée de l'image publique qu'il avait rendue de leurs parents, son frère n'existait plus à ce moment pour Fanny. Damné à jamais dans les ténèbres profondes comme il aurait voulu le faire avec sa propre mère. Elle ne supportait plus son esprit caustique, mordant dans la satire malsaine, son acrimonie piquante, sa colère liée à cet acharnement de haine et sa grogne.

Elle pensa alors que les propos qu'il avait écrit dans son roman « La Vie de Famille » étaient définitivement rédhibitoires.

Basta, se disait-elle. La coupe était pleine.

À mes parents

Plus d'une année s'était écoulée depuis la parution du roman « La Vie de Famille ». Fanny ne parvenait toujours pas à en digérer le contenu.

Par intermittence, elle ne pouvait s'empêcher de relire certains passages jusqu'à en connaître les moindres détails.

Ceux-ci restaient, à ses yeux, diffamatoires, insoutenables à lire.

Elle se répétait trop souvent la phrase que son frère lui avait écrite : *Toi qui as traité mon livre par-dessus la jambe...*

Même en le voyant sous forme de dérision, Fanny ne changeait pas d'avis, en son for intérieur, dans sa conscience au plus profond d'elle, dans le secret de ses pensées elle n'acceptait pas un tel dénigrement à l'égard de ses parents. Elle préférait cultiver une sorte de gratitude.

Son frère est écrivain, littéraire et cultivé, elle ne manquera pas de lui faire partager ces adages : « L'amour pour ses parents est le premier devoir d'un homme » (Confucius).

« Ton père et ta mère sont comme le ciel et la terre ; ton seigneur comme la lune, ton professeur comme le soleil » (Dicton Japonais).

Elle éprouva alors ce besoin irrépressible d'exprimer avec pudeur et sensibilité son propre ressenti à travers le livre qu'elle avait commencé à écrire.

Enfin, raconter son parcours de vie avec les joies et les peines qui ont parsemées sa vie.

Mon père, ma mère...

parents

Fanny pensait qu'elle avait gardé le meilleur de chacun d'eux, se sentait reconnaissante et même privilégiée.

Elle restait choquée que son frère assimilait ses parents à des gens atrocement ordinaires.

On ne peut pas tout obtenir mais la richesse est déjà d'apprécier ce que ceux-ci nous ont transmis de bien.

La sobriété de son père, son raffinement, son élégance n'avait rien à voir avec *quelqu'un d'inexistant, de pleutre, d'une banalité sans nom, ridicule, grotesque, transparent, anodin.*

Que ne met-il un chapeau de paille, un journal ou un sac en papier, quelle andouille ! Qu'il a l'air tarte ! Son ventre blanc comme de la craie, ses fesses aussi molles que de la cire ou de la guimauve, son sexe rabougri, limace flasque, d'aspect répugnant, l'anatomie de mon père dégoutante et rebutante à en vomir.

Fanny trouva sordide, malsain que son frère décrivit le physique de son père avec une telle répugnance. Elle pensait qu'il y avait tellement d'autres types d'hommes malsains, rebutants, vulgaires, violents, grossiers, alcooliques, infidèles, sans éducation.

Alors pourquoi avilir, blasphémer, calomnier, dégrader, déshonorer son père défunt comme il l'avait fait ?

Son père n'avait pas de diplôme supérieur mais il était doté d'une rigueur intellectuelle, de sagesse, mais oui parfois effacé, solitaire et réservé. Cela ne méritait pas d'être traité comme son frère l'affirmait de *con, minable, pleutre, couard...* ou encore... *minus, connard, chiure de mouche, lavette, médiocre, larve.*

Il donna à toute sa famille un statut social confortable et enviable. Ils habitaient dans les beaux quartiers bourgeois et privilégiés de la classe moyenne de Bruxelles.

Droit, fidèle, généreux, travailleur, méthodique n'était que quelques-unes des qualités que Fanny prêtait à son père parmi tant d'autres.

Mais il n'était pas son Dieu. Il restait son géniteur.

Fanny aurait espéré que son père soit plus présent. Elle ne se sentit ni épaulée dans ses choix de vie, ni reconnue, frustrée de cette relation. La froideur, l'austérité de son père ne contribuèrent nullement à son épanouissement.

Son père restera un mystère pour sa fille. Elle ne connaissait pas grand-chose des secrets de sa vie si flous.

Elle avait vaguement compris qu'il avait été déporté dans les camps de concentration. Après avoir su s'en échapper et des mois d'absence, il retrouva sa future femme enceinte. Mais pas de lui !

Ce fameux secret de famille que Fanny avait soupçonné qu'il fallait taire.

Son père épousa sa mère un 3 juin 1944.

Après ses études universitaires, son frère aîné partit faire carrière aux USA. Il ne donna jamais de nouvelles à sa sœur.

Les délires paranoïaques de Patrick commencèrent-ils dès son enfance ? Cette jalousie extrême qu'il témoignait envers son frère aîné qui était le préféré de sa mère. Patrick, lui, se sentit dès son enfance le pestiféré de la famille.

Peut-être était-il jaloux aussi de sa sœur ? Cela n'aurait été que normal, sa mère adorait sa fille comme une princesse. Son frère pourrait-il aussi dès lors détester sa sœur ?

Se sentait-il rejeté, moins aimé ou incompris ?

Était-il devenu paranoïaque ? Avait-il développé une sorte de frustration et de colère, principalement à l'égard de sa mère ? Il la détestait jusque dans ses tripes jusqu'à la faire passer pour folle. C'était devenu obsessionnel, destructeur, insupportable.

Il programma inconsciemment alors son départ. Il n'avait pas compris que ce fût son propre choix et non celui de ses parents.

Il ne supportait plus de voir son père et sa mère jusqu'à son départ le 23 septembre 1967. Fanny fût le seul témoin de cette violence terrible, presque meurtrière à laquelle elle assista ce jour-là.

Depuis son enfance, Fanny avait assisté aux délires de son frère, ses fureurs, ses rages qu'il ne savait pas contrôler. Il se roulait alors par terre pendant des heures complètement en trance comme il le raconte dans son roman.

Je m'affirme par la colère. Personne ne comprend l'origine de mes rages d'enfant et de mes crises de fureur qui sont de véritables tremblements de terre... Les passants dans la rue se précipitent pour voir si je suis un enfant gâté, abandonné ou battu. Je leur flanque des coups de pied autant que des volées de poings serrés. Je trépigne, piétine le sol et déclenche des orages...

53 ans plus tard, utilisait-il sa notoriété pour assouvir sa haine, ce rejet, ce dégoût, sa souffrance qu'il traînait depuis sa naissance ?

Ce roman reflétait-il son mal-être qu'il essaya d'assainir par l'écriture ? Une forme de thérapie ?

Cette forme de psychose paranoïa se vérifia à nouveau quand Fanny essaya de le contacter une fois de plus après la parution du livre. Il parvint à renouer un dialogue avec sa sœur mais sa susceptibilité démesurée associée à une méfiance extrême faisait qu'au final il la rejeta comme sa mère.

La description physique que son frère faisait de sa mère était un véritable torrent de boue, un carnage exponentiel, des caillasses balancées. Son frère était enroché dans ses propres certitudes complètement démentes et infondées. Le profil psychologique qu'il dépeignait d'elle était humiliant et dégradant.

Il écrivait à propos d'elle :

Sa soif de vengeance, sa carence d'émotions, ses angoisses profondes, qui d'une certaine façon, sont aussi les siennes...

Ce que j'ai de ma mère est bien plus terrible et sournois : le goût du bris, le besoin irrépressible de la rupture et de la destruction. Ces ruptures de ma vie soudaines et définitives…

Il l'assimilait à :

Une charogne, acariâtre, hargneuse, vulgaire, sans éducation, laide à faire peur, une vraie mégère des bas quartiers, infernale à vivre, vénale, à fuir, à éviter, à lyncher, à oublier. Une folle destructrice avec un cœur de pierre et du sang de poisson. La méchanceté coule dans ses veines.

Juste envie de flanquer mon poing dans sa gueule, écrivait-il quand il l'invita chez lui. Au revoir, bon débarras, après son enterrement, qu'elle rôtisse en enfer. Il aurait aimé la précipiter du haut de l'escalier quand il partit du cocon familial.

Qu'elle crève en enfer, je déteste ma mère, je ne l'ai jamais aimée, je me demande si je suis son enfant, je n'aime pas être son fils, il se roule par terre de façon incontrôlable.

Sa fureur, sa haine venimeuse à son égard, le rendait terriblement agressif.

Contrairement à son frère, Fanny adorait sa mère. Elle était une « femme atypique » avec un tempérament de feu. Sa franchise, sa spontanéité laissaient souvent sans voix.

Elle se distinguait de l'ordinaire et des autres. Son élégance était sa manière d'être, de se tenir, de parler, de s'exprimer. Sa façon de vivre était différente de la normalité et en décalage pour son époque.

Extravertie, enthousiaste, optimiste, sa mère ne passait pas inaperçue. Nullement folle comme le décrivait son frère, elle aimait la vie, fuyait la banalité, la médiocrité, la monotonie, l'ennui.

Sa sensibilité, ses états d'âme, parfois compliqués ou en ambivalence, la caractérisait comme le seront ceux de sa fille tout au long de sa vie.

Celle-ci transmit à Fanny le goût de la fantaisie, de l'originalité, de la liberté mais aussi ce trop plein d'émotions qui fera que Fanny allait être incapable de contrôler les événements inattendus au cours de sa vie, même parfois ses propres états d'âme.

– Je suis à part, différente, de nulle part... disait toujours Fanny.

La mère comme la fille étaient tombées dans une sorte de rébellion, de démesure, chacune à leur façon, rationnelle ou irrationnelle selon les événements ou les époques.

Une caractéristique pourtant les différenciait de façon évidente. Fanny fonctionnait dans l'authenticité, la sincérité, la simplicité et la fidélité. Sa mère était plus attirée par l'apparat et la luxure. Si l'on se rapporte à son « karma » elle aurait vécu, dans ses vies antérieures, dans un milieu snob, du paraître et du luxe. Une croyance ancestrale selon laquelle la destinée d'un être est déterminée par ses vies antérieures. On y croit, on n'y croit pas ! Fanny en resta troublée.

Après le départ de ses deux frères, tout changea, bascula...

Adieu l'éducation rigide, les règles, les contraintes, l'austérité.

Ce Noël 1967, Fanny avait quinze ans. Patrick était parti trois mois plus tôt. Meurtrie de cet abandon, Fanny se demandait si son frère allait revenir ? Comment aurait-elle pu le contacter, elle n'était encore qu'une enfant.

Elle se retrouva au cinéma avec sa mère pour voir le film de Claude Lelouch « Un homme et une femme ». Fanny mangeait ses pralines que sa mère lui avait achetées. Des manons, les uns aux noisettes, les autres sans noisette, au café, mais quelle importance...

Et le sapin de Noël ? Personne n'avait acheté le sapin cette année-là. Fanny ne fêta pas Noël... Les années suivantes non plus.

Fanny s'inquiétait de l'absence de son père. Ses parents voulaient-ils éviter d'être ensemble ? Elle ne le savait pas. Elle n'avait jamais été témoin d'aucune scène, de mots déplacés, d'insultes entre eux.

Ils s'engueulent, se détestent, poussent des cris. Ils sont prêts à se battre. Ils en viennent aux mains...

L'écriture de son frère semblait pour sa sœur trop vindicative, trop d'interprétations, de revendications, de jugements, d'affirmations. Elle aurait souhaité une controverse. Il avait son opinion, elle n'avait pas eu droit de lui faire part de la sienne. Avait-il souhaité une appréciation, une discussion, un échange, une opinion sur son livre et les faits qu'il relate ? Pourquoi n'a-t-il jamais interrogé sa sœur ?

Les deux aînés partis de la maison et après des années à se consacrer exclusivement à l'éducation de ses enfants, du ménage, de l'intendance, sa mère en avait eu plein le dos.

Marre de faire la boniche, repasser, lessiver, cuisiner, concocter des plats que finalement plus personne n'appréciait. Ras-le-bol des courses à pied et traîner son caddy trop lourd.

Elle commençait aussi à traîner sa propre vie, se consumait.

En un éclair, sa mère décida de prendre son indépendance, son autonomie, passa son permis de conduire, trouva un travail, alla au restaurant seule, paya ses achats avec sa carte de banque. Enfin son propre salaire, fini de tendre la main et quémander. Une vraie métamorphose.

Et son père dans ce remue-ménage ?

Que pensait son frère dans toute cette panade ?

Un couple est fait de deux êtres qui ne se ressemblent pas. Combien de temps a-t-il fallu avant qu'ils ne s'en aperçoivent et se l'avouent enfin ? Que connaît-on de l'intimité ? Y a-t-il une réponse ? Que sait-on de la vie de ses parents ? Rien. La vérité n'existe pas. Elle n'est qu'un pan de la réalité faite de mystères inexplicables, d'ombres troubles. Leur vie ne regarde qu'eux. Pourquoi m'en mêler. En quoi leur histoire m'appartient-elle ? La vie des êtres est si complexe qu'on ne sait ni ce qui les unit ni ce qui les sépare. À la passion des premières années qui rend la présence de l'autre indispensable succède insidieusement le venin de la routine et du train-train, poison pernicieux que supplantent la haine et la rancœur.

Pourquoi alors avait-il eu ce besoin viscéral d'écrire ce torchon des années après son départ ?

Fanny ne connaîtra jamais ni le début ni la fin de l'histoire de ses parents qui restera une énigme.

La vérité était probablement dans cette lettre datée du 6 avril 1996 que sa mère avait intitulé « Le journal d'une déchirure » dans lequel elle racontait vraisemblablement la vérité et demanda à son fils de la lire attentivement afin de comprendre pourquoi elle avait pris la décision de divorcer après 51 ans de mariage.

Était-ce l'écriture de sa mère qui était hystérique ?

Ou son frère qui déchira cette lettre par rage, par haine, une fois de plus ? Pourquoi ?

« Ce tas de gribouillis m'aurait permis d'éclairer les pans obscurs de leur histoire et de mieux comprendre la mienne » écrit-il.

Il avait bien écrit dans son livre « *et comprendre la mienne* » !

Est-il écrit de devoir s'aimer et rester toute une vie ensemble même au nom du mariage ? Sommes-nous responsables de nos sentiments ?

Au cours de leurs vies, Fanny savait que ses parents avaient pris des directions différentes. Il advint toujours un moment où plus rien ne semble possible, continuer ou même terminer sa vie ensemble, peu importe l'âge, le nombre d'années parcourues. Chacun reste libre et responsable de ses choix. Rester, partir, revenir peu importe. Il suffit d'en assumer les conséquences mais en aucun cas rejeter la faute sur l'autre.

Rien n'est du hasard. Pourquoi son père, après son divorce, avait atterri dans un flat comme le décrivit son frère « *un studio que loue un étudiant inscrit à l'université toute proche* ».

Fanny se souvenait. Elle pouvait en faire la description les yeux fermés : « 132 avenue Médecin Derache, 3ème étage ».

Fanny avait habité le même flat ! Ironie du destin ?

Au fil des années, Fanny était devenue la confidente de sa mère qui assuma sa liberté à travers l'adultère, elle tomba éperdument amoureuse de Jean, rencontré au cours d'un weekend à Noël.

Un coup de foudre réciproque, un amour fou.

Sa mère vécut une double vie pendant des années.

Était-ce un gentleman agreement qui liait ses parents durant toutes ces années au cours desquelles ils continuèrent à voyager, partir les week-ends, aller au restaurant comme si rien n'avait changé ?

Leur tendresse réciproque restait pourtant évidente.

Et c'est reparti de plus belle :

– Je ne supporte pas ce genre de mec, de quoi s'entiche-t-il ? Où le déniche-t-elle ? Où se rencontrent-ils ? Il vit entouré de treize chats, de trois perroquets bariolés, l'un s'appelant Toto...

Ce « veuf éploré », comme le qualifiait son frère, était un homme charmant, avec ses treize chats et ses trois perroquets. Après la mort de Jean, sa mère rencontra par hasard Paul qui avait eu un véritable coup de foudre pour sa mère. Que n'en déplaise à son frère !

Paul et sa mère se rendaient régulièrement chez Fanny à la campagne pour y passer la journée. Ces moments n'étaient que bonheur, complicité, rire.

Flash-back... Ce 12 mai 1979, Fanny se mariait. Elle avait 27 ans.

À l'improviste, au dernier moment, elle organisa la réception chez ses parents. Près de 60 personnes étaient conviées.

Ce soir-là, elle vit ses parents danser ensemble jusqu'à l'aube. Ils semblaient tellement ravis, complices... avec leur fille aussi !

12 ans s'étaient écoulés depuis le départ de son frère Patrick.

Le mariage de Fanny

Ce soir-là, il faisait particulièrement froid, le vent soufflait violemment, le givre et la neige couvraient le sol.

Fanny appela son meilleur ami, partit de chez elle précipitamment et s'engouffra à la hâte dans sa voiture se remémorant sa courte conversation téléphonique...

– Dis-moi ce qui se passe, lui dit-elle.

– Non, pas par tél.

– Qu'est-ce que c'est alors ? Dis-moi, tout de suite.

– Ce n'est rien je t'assure, rien de grave...

– Qu'est-ce que tu insinues ?

– Oh, je veux simplement dire que...

Inquiète, elle arriva chez son ami comme une furie.

Bredouillant, il lui expliqua enfin :

– Je dois te faire part de confidences à propos de ton mari. C'est grave... La compagnie de filles de luxe aux mœurs légères, style blondes, rousses, cacao, brunes, fines, rondes. Ton mari en raffole !

Décontenancée, elle ne parvenait pas à mettre des mots sur un sentiment étouffant, amer, ses yeux s'emplissaient de dégoût, elle aurait bien avalé une pilule d'ecstasys.

Sur la route du retour, Fanny roulait depuis longtemps, en totale errance, ne sachant quand elle allait s'arrêter, rentrer chez eux, ne rien dire ou se planter contre un arbre.

Elle savait qu'elle s'engluait dans une situation inextricable mais qu'elle avait pressenti, anticipé depuis longtemps.

Que pouvait-elle faire ?

Partir avec sa fille ? Quitter la maison, son train de vie confortable ? Chercher un travail ? Se retrouver seule, s'assumer ?

Elle avait imaginé son mari avec une maîtresse sulfureuse, fou amoureux d'une autre femme.

– Si on te dit que ... n'écoute pas, rien que des envieux, le monde pourri des affaires ! lui répétait sans cesse son mari.

Et tous ces retraits d'argent ? se disait-elle.

Business oblige, réunions du vendredi jusqu'au petit matin. Fanny ne bronchait jamais, lui apportait son café, son journal comme s'il avait passé la nuit près d'elle.

Gêné d'être témoin de cette situation sordide, son ami avait finalement avoué à Fanny ce qu'elle voulait savoir, découvrir. Il avait invité son mari la veille, l'avait fait boire. Avec quelques verres d'alcool, la langue de celui-ci se délia rapidement.

Et elle dans tout ce b... ? Où était sa place ? se demanda-t-elle.

« Escort-girl » oui, entre-autre.

– Dis-moi juste quand il n'y a plus d'argent sur le compte, lui disait-il.

Et elle, elle se voyait comment alors ?

Une sorte de poupée Barbie blondasse (sois belle et tais-toi) une potiche peu intéressante à ses yeux qu'il trimbalait à tous ces soupers d'affaires.

Fallait sourire, se montrer, s'afficher, faire de nouvelles relations, la conversation, mais surtout pas au risque de déplaire, vexer.

C'était comme ça... c'était le Business !

Elle, si naturelle, pleine de vie, spontanée, perdait au fil du temps sa propre identité, devenait transparente, vivait à travers lui, était « la femme de ».

Elle n'était plus à sa place auprès de lui mais voulait impérativement ne pas renier ses propres valeurs.

Elle était parfaite comme épouse comme lui le désirait. Il se plaisait à dire à son entourage :

– J'ai une femme aimante, une maîtresse de maison qui sait aussi recevoir, flatter, écouter. Une sorte de « business woman ».

Fanny passait la plupart des week-ends à concocter des nouvelles recettes, essayait de l'épater, le reconquérir, rien n'y faisait.

Elle aimait organiser, recevoir, accueillir tout ce beau monde. Quant à lui, il n'était jamais disponible pour toutes ces futilités.

18 septembre 1982. Fanny se préparait à souffler ses bougies pour ses 30 ans. Elle avait réservé des vacances à la côte pour essayer de garder, sauver leur couple, enfin, était-ce encore un couple ?

À peine arrivée à la mer, elle lui demanda où était sa valise.

– Je n'ai pas de valise. Je repars au Mexique là, tout de suite.

Elle souffla ses bougies seule avec sa fille sans son mari.

Il reviendra quand il peut, quand il aura le temps, quand il aura envie.

Durant son séjour à la côte, Fanny, frustrée, faisait des achats compulsifs, s'arrêtait à toutes les boutiques, achetait, dépensait sans compter pour ensuite mettre au placard toutes ces frusques dont elle n'avait que faire.

15 mois auparavant, elle avait déjà subi un départ inopiné. Il était rentré entre l'heure du midi, énervé, impatient.

– Où est mon passeport ?

– Ton passeport ? Pourquoi ?

– Je pars au Mexique. J'ai une opportunité.

Elle ne reçut aucune autre explication. La semaine qui suivit cette annonce solennelle, il avait déjà réservé son billet pour cette destination inconnue et lointaine. Il resta absent près de huit à neuf mois consécutifs. Elle ne recevra que rarement de ses nouvelles. Fanny se retrouva du jour au lendemain de femme mariée au statut de célibataire avec un bébé. Elle avait pourtant encore espéré, après la naissance de leur fille, sauver son couple mais il s'éloignait de plus en plus. Sa femme ne l'intéressait plus.

L'insouciance de Fanny s'envola à jamais. Il lui avait enlevé sa fraîcheur, cassé ses rêves. Elle se sentait trahie, abandonnée.

Des angoisses la submergeaient. Rentrer seule le soir lui faisait désormais peur. La gorge nouée, elle s'enfermait dans sa maison, la solitude l'envahissait, posait des cadenas à toutes les portes de peur d'être cambriolée.

Son mari était un homme brillantissime. Après 11 ans d'études, il avait enfin obtenu son diplôme de Réviseur d'Entreprises. Il continua à travailler beaucoup, trop, le soir, le week-end, sans relâche. Il commença à enseigner en 1979 (l'année de son mariage avec Fanny) à la Chambre Belge des Comptables (CBC), le soir, le week-end et c'était reparti. Elle l'appelait l'homme pressé, comme dans le film d'Alain Delon, impalpable, insensible. Sa vie était inéluctablement vouée à son business et ses diverses activités professionnelles.

Son cher époux excellait dans le domaine des affaires. Malgré d'autres qualités évidentes il n'avait, au grand regret de Fanny, aucun hobby à partager avec sa femme. Il était incapable de planter un clou, bricoler, jardiner, n'aimait pas les voyages. Fanny dût se rendre à l'évidence, ils n'avaient jamais eu de vrais projets communs. Le seul lien qui les unissait était leur fille.

Fanny avait une véritable aversion pour ces dîners d'affaires interminables, méprisait tous ces dîners tumultueux. Elle ne se souvenait même plus de toutes ces rencontres fortuites, ces discussions politiques, professionnelles lassantes et pesantes.

Ils avaient été conviés pour la Saint Sylvestre chez un homme d'affaires, de notoriété reconnue, un milliardaire belge de 44 ans, qui au lieu de venir accompagné de son épouse rappliqua avec sa sulfureuse fille de 23 ans. Au cours de la soirée, Fanny regardait son mari faire son show, se pavaner sur la piste, danser avec cette gamine provocante, titillant des hanches, des fesses, ses mains dans les cheveux. Ils faisaient le show à eux deux. Fanny acquiesçait. Elle ne dansa pas une seule fois de la nuit avec son mari. Il ne l'avait tout simplement pas invitée. Elle était résignée.

Ce dandy milliardaire fut assassiné dans sa propriété (qui possédait pourtant un système de sécurité des plus performant). Sa fortune avait été estimée à près de deux milliards suite à la commercialisation d'un produit capillaire. Cet assassinat ne fut jamais élucidé. Personne n'était rentré ni sorti de la maison au moment du meurtre.

Pourquoi alors son mari lui avait-il confié :

– Si je vais un jour en prison, tu viendras me voir, m'apporter des oranges ?

Il lui racontait par brides et morceaux ce qu'il voulait bien, tout était toujours flou. Fanny abhorrait ces milieux d'affaires malsains. Que de parasites, que de superficialité qui ne lui correspondait pas.

Fanny travaillait depuis près de cinq ans au Journal « L'Eventail » ou encore appelé Le « Botin Mondain » qui se situait dans un quartier le plus en vogue et huppé de Bruxelles.

Le « High Life de Belgique », ce fameux annuaire regroupant près de 12.500 contacts, remis à jour à chaque parution. Le High Life était vendu à ces familles de nobles (destination exclusive), l'outil par excellence de l'aristocratie, de la noblesse et de la haute bourgeoisie belge.

Comment Fanny avait-elle encore atterri dans ce milieu ?

Elle avait été retenue parmi toutes les candidates. Sa distinction, sa classe disait sa direction d'elle avait suffi à la faire engager après une simple interview. Elle était parfaite pour s'occuper de ces gens de la haute, organiser des soirées pour les jeunes du « Young First ». Encore se montrer, se pavaner, smoking obligatoire, soirées mondaines et la voilà repartie pour un tour, en journée, en soirée, du matin au soir, du soir au matin.

Elle finissait par connaître tous les noms des abonnés par ordre alphabétique... Des petits de, Baronne de, Comte de, Vicomte de, écouter leurs mesquineries du genre « *mais mon journal n'est pas arrivé cette semaine, faites quelque chose s'il vous plaît...* » Les photos du mariage d'un tel ou d'une telle... Un article de ... et de ... du petit-fils de la Vicomtesse de ... et de ...

– Vous me fatiguez ! Vous me fatiguez...

À l'improviste mais de façon régulière, un certain B.B s'invita dans les bureaux. Fanny ne pouvait contenir son exaspération dès qu'elle l'apercevait.

B.B était un homme suffisant, pédant, prétentieux, insolent, impertinent et affichait un comportement irrévérencieux. Mr était attendu. Mr avait rendez-vous. Mr était pressé et trépignait à chacune de ses venues. Fanny ne relevait même plus la tête, faisait mine de rien entendre, l'ignorait. Un jour, elle crut, excédé de ce comportement, qu'il l'enverrait balayer elle et tous ses dossiers sur son bureau. Il était vert de rage quand elle releva enfin la tête. Monsieur, lui dit-elle, (pire des insultes de ne pas citer son titre, son nom). Cher B.B ! Je ne vous avais ni vu, ni entendu.

Ce trublion avait une réputation sulfureuse et aurait écopé de cinq ans de prison pour escroquerie, abus de confiance, fraude fiscale. Parait-il qu'il opérait dans l'ombre à la tête d'un petit empire de sociétés douteuses.

Trois heures de l'après-midi, les bouchons de champagne sautaient, leurs éclats de rire ne dérangeaient qu'elle. L'ambiance festive était au rendez-vous. Encore un petit verre ? Videz les verres s'il vous plaît, oui Cher Baron, tout de suite Cher Baron...

À force de faire sauter les bouchons, la société sauta aussi. Fanny fût appelée à la direction. Elle était virée ! La société tomba en faillite.

Fanny en avait assez de tremper dans tous ces milieux, la journée, le soir, du soir au matin. Quelques semaines plus tard, elle avait fait le test tant espéré, elle était enceinte. Elle avait désormais ses priorités.

Elle rêvait d'une vie normale mais c'était quoi finalement « une vie normale » ?

Un mari, un couple, une maison, des enfants, des projets ? C'est ça qu'on appelle une vie normale ?

Pour elle, ça représentait aussi autre chose... De l'amour, de la tendresse, de la complicité, du dialogue, de la simplicité.

Était-elle née hypersensible ? Pourquoi éprouvait-elle ce besoin insatiable de partager, d'aimer ?

Ils étaient devenus définitivement distants. Elle décida alors de reprendre des études, étudiait beaucoup, voulait travailler, être indépendante. Sa fille âgée de quelques mois restait sa priorité mais son nouveau style de vie lui plaisait.

Elle n'envisageait pourtant pas de quitter son mari. Elle était trop entière, trop fidèle, fuyait les aventures, ce n'était nullement son mode de fonctionnement, du style « tu as passé une bonne après-midi mon chéri » ? Reprendre vite son rôle d'épouse avant que quelques détails suspects trahissent. L'horreur. Une double vie. Comment font-ils tous ces amants, maîtresses ?

Pas compliqué, pensa-t-elle, demandez à ma mère.

Ce n'est qu'un jeu, facile à jouer, elle connait toutes les ficelles, les astuces, une fois abonnée, on y reste à vie.

Elle ne voulait en rien être son miroir.

Un soir tard, ne parvenant pas à trouver le sommeil, elle frissonna, ne parvenait plus à se concentrer. Elle ferma son livre, il était l'heure de coucher sa fille quand elle reçut à l'improviste un appel téléphonique d'une de ses meilleures copines.

– Viens nous rejoindre, un petit souper entre copines, sympa non ?

C'était l'hiver, il gelait et il fallait encore conduire sa fille chez la baby-sitter. Finalement, elle se décida.

Durant le souper, emballée, euphorique Fanny leur demanda :
– Ah, vous jouez encore au tennis, vous partez souvent en week-end, vous tapez la carte, vous assumez tout ça. Et un resto entre filles ? Moi aussi je veux bien, une petite sortie le vendredi, un week-end et pourquoi pas ?

Je viendrai avec ma fille, je m'arrangerai. Je veux vivre, profiter, m'amuser, oui c'est ça, juste me changer un peu les idées.

Oui, juste me changer les idées de temps en temps, se répétait-elle encore.

Une nuit, Fanny ne rentra pas dormir. Son mari ne s'était même pas rendu compte qu'elle avait logé ailleurs.

Ça suffisait comme ça !

Deux heures du matin...

Un coup de foudre ? Elle avait rencontré Loulou à peine quelques semaines plus tôt.

« Lève-toi, tu dois rentrer chez toi, il est tard (ou tôt comme on veut) ».

Fanny, enlacée dans ses bras, ne voulait plus bouger, plus rentrer, elle était amoureuse, très amoureuse.

Ils étaient fous... fous d'amour, inséparables, fusionnels.

Mais ils étaient mariés tous les deux.

Ce n'était pas le sujet du jour mais ça allait bientôt le devenir.

– Tu peux au moins faire un effort et rentrer pour minuit... lui disait son mari furieux de ses absences répétées. Elle lui avait caché sa relation.

– Ah bon, rétorqua-t-elle. Comme cendrillon ? Pas éveiller les soupçons. Elle avait reçu « l'autorisation » à condition que...

Il ne fallait pas que ça se sache.

Et lui, rentrait-il à minuit le vendredi ?

Elle décida de ne plus rentrer du tout !

Tant de secrets, de faux-semblants, d'hypocrisie de l'un et de l'autre, elle n'en voulait plus, ni en souffrir ni se martyriser. Cette situation lui faisait perdre sa sensibilité jusqu'à ce qu'elle devienne progressivement indifférente et prenne peur de ne plus pouvoir aimer au point d'étouffer peut-être son nouvel amour naissant.

Les semaines s'écoulèrent, elle le rejoignait de plus en plus souvent chez lui. Adossée contre le mur du hall d'entrée, Loulou, son amant l'étreignait fort, il vivait désormais séparé de sa femme, avait loué un studio et clama subitement à Fanny :

– Je suis fou de toi, je veux vivre avec toi, je te laisse trois mois, tu quittes ton mari, sinon toi et moi c'est fini.

Ce jour-là, la nuit tombée, Fanny n'était pas encore rentrée chez elle que sur le chemin du retour elle avait déjà pris sa décision.

C'était la Saint Valentin.

Un jour inoubliable pour les amoureux. Inoubliable pour elle.

Le divorce

Fanny avait pourtant essayé de parler à son mari, de comprendre le motif de leur prochaine séparation qui, elle le savait, était inéluctable.

Sa réponse avait été laconique :

– Tu ne veux quand même pas que je te dise d'où viennent tes lunettes, lui dit-il d'un air apathique.

Loulou, qui allait devenir le nouveau compagnon de Fanny pendant près de 20 ans était opticien. Son mari savait tout depuis longtemps. Il avait fait suivre tout simplement sa femme.

Il détestait les esclandres, les discussions, n'était jamais acerbe, ni blessant.

Pourquoi étaient-ils alors aller chez une « conseillère conjugale » ? Ni l'un ni l'autre ne se souvenait de cette tentative de réconciliation. Ils s'étaient retrouvés ensemble finalement par une circonstance hasardeuse chez une conseillère conjugale. Cette brave dame demanda à son mari ce qu'il reprochait à Fanny.

Ma femme ne m'a jamais intéressé, elle ne m'intéressera jamais .

Gênée, la psy regarda Fanny, articula dépitée :

– Un conseil : divorcez Madame, mais divorcez vite.

Fanny se leva, claqua la porte sans un mot, et partit travailler.

Elle prit alors l'initiative de la rupture définitive sans animosité, sans aucune violence destructive.

« Le mariage, c'est comme un mirage dans le dessert :
palais, cocotiers, oasis.

Soudain, tout disparaît et il ne reste que le chameau »
(Extrait littéraire)

Onze heures du matin...

Fanny guettait le camion de déménagement avec une certaine impatience. Ses pensées vagabondaient dans les remous de son passé.

Elle ne put s'empêcher de se tataouiner jusqu'au moment du départ fatidique. Pourquoi encore tergiverser sur sa décision ? Pourquoi hésiter ?

Comme tous les matins, elle avait fait le nœud de cravate de son mari. Il trouvait qu'elle le faisait mieux que lui.

Ces derniers mois s'étaient écoulés dans la convivialité même la tendresse, rien ne laissait transparaître la rupture attendue au sein de leur couple.

Elle le revoyait encore huit ans auparavant l'attendre devant chez elle à deux heures du matin. Il était ivre d'impatience, la suppliait de venir vivre avec lui. Le lendemain, ils allèrent voir Jacques Brel dans « L'homme de La Mancha ». Fanny resplendissait de bonheur, d'amour, envoûtée par l'interprétation grandiose de Brel.

Pourquoi alors l'avait-il rejetée de la sorte après leur mariage ? Cette question devenait obsédante.

Fanny s'échappait parfois pour le laisser face à la multitude des cours qu'il devait ingurgiter. A chacun de ses retours, elle semblait parfois intriguée. Comme par hasard, il avait rencontré un ami, n'avait pas eu l'envie d'étudier, était sorti. Ses explications se bornaient à quelques mots. Fanny ne s'en était jamais inquiétée. Déjà peut-être à cette époque la trompait-il ?

Fanny avait mal au cœur, malgré tout elle avait des remords et des regrets. Elle avait décoré leur maison avec un goût, un raffinement, une originalité qu'elle aimait tant. Elle laissait tout derrière elle, sauf sa fille.

Les jours qui suivirent son départ, elle reçut une requête en divorce. La police se pointa chez elle à cinq heures du matin pour un constat d'adultère. Son mari attendait comme un loup en bas dans sa voiture.

Était-ce une vengeance ne sachant plus l'atteindre elle ou avait-il peur à ce point qu'elle lui réclame un centime ? Loulou s'était installé chez elle. Son mari était-il jaloux malgré son apparente indifférence ?

Diverses attestations arrivèrent par courrier accusant Fanny d'avoir abandonné sa fille, incapable de s'en occuper. Un torchon rédigé par la baby-sitter. Comment son mari était-il arrivé à soudoyer cette femme, elle-même mère de famille. Combien l'avait-il payée pour qu'elle accepte d'écrire ces insultes à l'encontre de sa femme ?

Fanny débarqua chez elle, faillit l'empoigner, lui claquer deux gifles. Janine, oui c'est ça, Janine. Elles s'étaient toujours détestées.

Dégoûtée, Fanny découvrit hélas une face cachée de son mari qu'elle ignorait.

Elle dut prendre contre son gré un avocat qui voulait qu'elle soit plus agressive. Il n'y avait pas assez d'éléments en sa faveur contre son mari dans le dossier. Mais il n'y avait rien à justifier, juste une incompatibilité de vie, se dit-elle. Le reste ne regardait qu'elle, c'était déjà assez difficile à supporter.

Avec le temps, les tensions s'apaisèrent. Fanny ne comprit jamais pourquoi la nouvelle compagne de son ex-mari lui dit un jour :

– Mais qu'as-tu fait pour qu'il te déteste autant ?

Fanny se sentit soudain déroutée, affligée, se demanda si son mari l'avait rejetée à cause de ses cicatrices. Elle avait été marquée au fer rouge, brûlée au 3ème degré par accident au début de leur rencontre. Il avait été le seul témoin de ce drame qui marqua Fanny pendant ces années de vie commune.

Elle ressassa soudain ce passé douloureux avec amertume.

Flash-back : L'accident

« Le Phoenix » cet oiseau, symbole de l'immortalité et de la résurrection possède le pouvoir de se consumer et de renaître de ses cendres après sa mort. En effet, il serait mort pour ressusciter dans les flammes d'où la formule « renaître de ses cendres ».

Fanny n'avait que 21 ans lorsqu'elle se baladait au Salon des Arts Ménagers avec son compagnon qui allait devenir son mari quelques années plus tard quand soudain, elle se mit à hurler de douleur. Trop lancinantes, ces douleurs aigues lui firent perdre connaissance. Dans son subconscient, elle entendait les sirènes de l'ambulance qui la transportait à l'hôpital le plus proche. Allongée sur un lit, son corps emmailloté dans des bandages qui l'étouffaient, elle ne pouvait plus bouger. Encore comateuse, elle ne réalisa pas immédiatement ce qu'il lui arrivait. Ses bas et sa jupe avaient fondus dans sa peau. Elle était gravement brûlée, sa peau torréfiée sur tout le ventre et le bras gauche. Accidentellement, dans un des stands de vente d'électro-ménagers, une vendeuse par inadvertance avait fait tomber une friteuse dont machinalement Fanny avait tenté de s'écarter. Trop tard !

Seule, personne à ses côtés, hagarde, elle regarda autour d'elle, se sentit propulsée dans un monde rébarbatif, rebutant, une sorte d'antichambre lugubre dans un couloir de plus de dix mètres de long. Ces malades couchés, alignés en rang d'oignon, séparés des uns des autres, à gauche, à droite, par un rideau blanc. Fanny grelotait, elle était seulement recouverte de pansements et d'un simple drap blanc. Elle finit par trouver la sonnette d'alarme à côté de son lit, appuya instinctivement dessus, appela à l'aide et fondit en larmes.

Le lendemain en fin d'après-midi, son père lui fit une visite-éclair. Était-ce peut-être pour s'assurer qu'elle était toujours bien vivante ? Il bredouillait en s'excusant que sa mère ne disposait pas d'assez de temps pour lui rendre visite, trop absorbée par son travail d'assistante dentaire. Durant son séjour à l'hôpital, pendant près de trois semaines, Fanny n'eut aucune visite de ses parents.

Fanny, pas plus haute que trois pommes, se souvenait pourtant avoir été à onze ans au chevet de sa mère après sa tentative de suicide. Une mère qui n'avait vécu que pour sa « Princesse » pendant toute son enfance. Fanny n'avait jamais pu comprendre son geste.

Elle était seule, si seule face à ses douleurs. La tentative de suicide de sa maman et elle-même isolée en plein désarroi dans cet hôpital. Ce sentiment d'abandon était bien présent dans sa petite tête blonde mais elle devait sauver sa peau (c'était le cas de le dire).

Les patients qui souffraient de brûlures profondes devaient être transférés vers un centre spécialisé pour y être soignés en fonction de la gravité des brûlures surtout en cas d'apparition de cicatrices hypertrophiées. Pourquoi alors personne ne s'inquiétait de l'état de santé de Fanny ?

– Ah, si on avait su, on t'aurait transférée au centre des grands brûlés, lui dirent ses parents quelques semaines plus tard.

Comme écrivait son frère dans son livre « La vie de Famille » :

– *Il est trop tard, le temps perdu ne se rattrape pas.*

Guérir, reconstruire ce qui a été mutilé, comment Fanny le pouvait-elle ? S'agissait-il de ses cicatrices physiques ou psychologiques ?

Fanny vécut probablement un des premiers traumatismes sévères de sa vie.

Pendant près d'un mois, elle resta clouée au lit. Elle n'avait ni musique ni télévision, aucun livre ou magazine pour échapper à cette triste réalité ou encore rêvasser à des jours plus cléments.

Dans une chambre stérile pour éviter toute infection, il fallait décoller ses pansements, les changer, un supplice matinal et quotidien qui lui était infligé dès l'arrivée de l'infirmière.

Le temps de guérison était très long. Le traitement des cloques très douloureux. Brûlée à ce point, l'épiderme, le derme et les terminaisons nerveuses avaient été endommagés. Il s'ensuivait l'apparition de ce que l'on appelait « des cloques » avec un risque d'infection.

Il ne fallait surtout pas les percer mais attendre que la cloque se résorbe d'elle-même ce qui n'enlevait pourtant pas un risque de cicatrices graves et permanentes.

Fanny traversait des jours difficiles.

Devenait-elle neurasthénique ?

Elle effleura de la main droite son visage qui avait été heureusement épargné... « *Un visage de celluloïd au teint de porcelaine, ses cheveux blonds* » comme l'écrivit son frère dans son livre « La Vie de Famille ».

Son affliction face à la vue des cicatrices inesthétiques sur son ventre devenait à certains moments insurmontables, la formation de ces chéloïdes qui poussaient comme des champignons la répugnaient. Les démangeaisons comme des nids de puces ou de poux furent extrêmement désagréables.

L'idée de rester accidentée et altérée, voire répugnante l'épouvantait.

Serait-elle comme cet oiseau mythologique qui renaît des flammes après sa mort et est toujours debout ?

Après sa sortie de clinique, Fanny essaya de reprendre le cours de sa vie et de son travail. La plupart du temps elle ne pouvait plus enfiler un pantalon, était encore obligée de changer et garder ses pansements pour éviter l'infection. Elle enfilait des robes larges de femmes enceintes qui évitaient le frottement du tissu contre sa peau. Malgré son désarroi, elle esquissait un sourire lorsqu'elle croisait les passants dans la rue. Enceinte de quatre à cinq mois, se demandaient-ils ?

Non sûrement pas, les médecins lui avaient annoncé que dans son état elle ne pouvait pas être enceinte.

Son accident était survenu au début de l'automne, elle ne s'était pas projetée d'horizons jusqu'au printemps voire l'été, elle qui aimait tant le soleil, la mer, n'osait plus se dénuder, obligée de couvrir son ventre. Elle se sentait différente, ce ressenti n'allait que s'accentuer au fil des années comme un sort qui lui avait été jeté à 21 ans... Comme son frère qui était parti de la maison au même âge.

Il écrivit des années plus tard dans son livre « *le ventre maudit de ma mère, la prison de son enfance, où il est enfermé* ».

Après avoir déposé sa déclaration de sinistre, Fanny réclama des indemnités auprès de la compagnie d'assurances. Elle fut convoquée par le médecin de l'assurance qui ne lui laissa que peu d'espoir.

– Vous ne pourrez jamais arriver au terme d'une grossesse avec une peau aussi endommagée, ces chéloïdes sont trop importantes, c'est totalement inenvisageable dans votre état.

Pour Fanny ce qui était inenvisageable, c'était d'accepter et subir un tel sort.

Sa sixième opération était planifiée. Le ravissement de Fanny irradiait. Les résultats étaient satisfaisants, suffisamment visibles pour qu'elle retrouve une exaltation disparue depuis son accident. Il ne s'agissait nullement de greffes mais de décoller la peau abîmée par les chéloïdes, cette peau maltraitée, mutilée comme un élastique sur lequel on tire et qu'on coupe, la peau saine s'étendait petit à petit au fil des opérations. Une dizaine d'opérations étaient prévues pour retrouver la souplesse et la sveltesse de son ventre. Au début, elle opta pour des anesthésies générales et ensuite locales, à chaque fois une cicatrice de quinze à vingt centimètres, les chéloïdes avaient tendance à réapparaître autour des nouvelles cicatrices mais chaque centimètre, chaque millimètre gagné était déjà une victoire. À chaque intervention, Fanny était immobilisée sans pouvoir soulever la tête, allongée comme une momie sur son lit pendant des semaines. C'était devenu un rituel auquel elle s'était habituée et qu'elle assumait seule sans fléchir. Une gaine de soutien à porter impérativement et de façon permanente évitait que les nouvelles cicatrices s'élargissent après chaque opération. Après six ans d'obstination et de ténacité, son ventre avait enfin retrouvé sa sveltesse, son élasticité. Une cicatrice de trente centimètres sur son flanc gauche était la seule trace de ce drame qu'elle avait vécu.

Sa dernière intervention fut une véritable réviviscence.

Cette transformation profonde de son être fut totalement salutaire et s'apparentait à une totale renaissance.

La cicatrice suffisamment consolidée, Fanny pouvait envisager une grossesse. Quelques mois plus tard, elle était enceinte d'une petite princesse, un bonheur incommensurable bien mérité.

Les responsabilités n'avaient pas été facilement établies, le montant du préjudice encore moins. L'état de consolidation du préjudice corporel exigeait des mois de patience. Fanny n'avait eu d'autre choix que d'exercer un recours en justice et obtenu gain de cause. Elle fut indemnisée par la Compagnie d'Assurances. Elle ne dilapida pas cette somme finalement providentielle. Quand elle déposa son chèque à la banque, elle ne soupçonna pas que cet argent allait lui permettre au cours de sa vie et de ses déboires financiers de rebondir et même d'acheter une maison des années plus tard.

Après la clôture du procès, après six années, la malhonnêteté de son avocat venimeux poussa Fanny dans ses retranchements. Il quémandait un dessous-de-table, à défaut il refusait de lui verser l'intégralité de l'indemnité dont il était en possession. Il s'amusait même de ce chantage odieux face à cette jeune femme qu'il croyait célibataire et en incapacité de se défendre. Elle était furibarde, révoltée mais déterminée.

Son mari fit une visite à ce maroufle qui aurait bien pissé dans son froc face à l'apparition précipitée de celui-ci qui repartit avec l'intégralité du montant du chèque.

Hélas, ces attitudes malhonnêtes d'escrocs et de maîtres-chanteurs ne furent que les premières d'une longue série qu'elle connut au cours de sa vie face au comportement véreux des hommes soi-disant honnêtes.

Fanny et Loulou

Par une journée ensoleillée de juillet 1983, Fanny emménagea avec Loulou dans un quartier bourgeois de Bruxelles qu'elle vénérait où elle avait passé son enfance. Elle n'avait que 31 ans, se disait qu'elle avait eu la chance de le rencontrer et de recréer une vie de couple. Mais était-ce si facile finalement à assumer ? Il fallait tout reconstruire, laisser son passé derrière elle.

Elle avait le sentiment de n'avoir pas eu assez de recul, que tout s'était passé trop vite, même dans l'urgence. Mais avait-elle eu le choix ? Revivre des souvenirs avec son mari qui la trompait lui était devenu insupportable. Elle ne faisait pas partie de ces femmes qui claquent la porte pour aller vers de nouveaux horizons comme si le passé n'avait jamais existé.

Entre rêves, envies et réalité ? Ce n'était pas si évident à assumer. Fanny aurait pu vouer un amour à un seul homme toute sa vie mais la vie en avait décidé autrement.

Elle n'aimait pas ces changements qui lui faisaient perdre ses repères. Déballer ses caisses la mettait presque mal à l'aise. Sa fille, à peine âgée de deux ans, allait découvrir au quotidien le nouveau compagnon de sa mère. Le contact serait de toute façon différent qu'avec son père. Facile ou compliqué ? Il n'y a que le temps qui apporterait la réponse. Fanny ne put s'empêcher d'assimiler le mot « divorce » à échec, brisure, que l'on en soit responsable ou non. On ne choisit pas, on ne peut pas tout diriger, c'est comme ça, se disait-elle, presque résignée. Ces derniers mois, ils s'étaient toujours entrevus à la sauvette comme deux amants. Le mois de vacances qu'ils avaient passé ensemble ne reflétait ni la réalité ni la vie au quotidien. Fanny n'imagina jamais que ce changement de vie l'ébranlerait plusieurs semaines.

Elle devait impérativement se trouver une nouvelle énergie, différente, se construire un avenir professionnel.

Loulou était toujours marié, elle en instance de divorce. Perdre son statut de femme mariée la gênait sans savoir l'expliquer. Elle était quoi alors ? Divorcée ? Célibataire ? En concubinage ? Quant à lui, il ne semblait nullement soucieux de garder son statut d'homme marié.

Il était temps pour Fanny d'envisager l'avenir sous d'autres auspices. Trouver un travail devenait pressant. Son argent fondait comme neige au soleil. Elle puisait régulièrement dans ses économies. Enterré le temps où son mari s'acquittait de leurs dépenses. L'insouciance de Fanny se volatilisait comme ses économies. Était-ce le prix à payer pour retrouver une liberté dont elle ne savait même pas si c'était essentiel à ses yeux ?

Les semaines suivantes, Fanny devint plus pragmatique, organisa enfin sa nouvelle vie. Elle avait subitement le sentiment d'exister, de prendre sa vie en main, de ne plus vivre « à travers de » et surtout de se sentir aimée. Sa joie de vivre illuminait son regard. Elle vivait avec Loulou un amour qu'elle croyait inextinguible, se rattrapait de toutes ses soirées solitaires. Le temps ne comptait plus. Fanny et Loulou étaient fusionnels, inséparables... du moins les premières années.

Fanny avait le vent en poupe, tout lui réussissait mais elle ne s'habituait décidément pas aux absences de sa fille lorsque son père en avait la garde. Elle ne supportait pas d'être séparée d'elle. À chaque fois qu'il venait la chercher, Fanny avait l'impression qu'on lui arrachait sa fille. Elle n'avait jamais ressenti un sentiment si pesant.

Sélectionnée par une agence d'outplacement pour un poste de manager trilingue dans les relations publiques et d'événementiel, elle ne savait pas au juste en quoi consistait ce job. Elle se présenta à l'agence avec un je-m'en-foutisme évident. Une série de tests psychologiques, pratiques et en langues l'attendaient. Toute cette compétitivité des candidates ne lui correspondait pas. Il fallait être la meilleure, se départager des autres. Elle réprouvait cet esprit de concurrence et d'émulation. Au final, se dit-elle, femme au foyer ou femme d'affaires, peu-importe. Elle pensait qu'elle n'avait rien d'une arriviste ambitieuse. Ce qui la dérangeait était plus insidieux, imperceptible, une sorte d'insécurité peut-être ? Elle prononça pour la première fois le mot « stress » sans savoir définir le pourquoi du comment.

Fanny fut engagée chez « Optimum » avec un salaire plus que confortable. Elle ne soupçonna pas à cette époque qu'on lui prêtait l'envergure d'une femme talentueuse.

Elle avait été présentée à Me Raymond Nossent qui allait être son patron. Un homme calme et imposant approchant la septantaine qui avait créé la société Optimum quelques années plus tôt. Son passé était impressionnant. Il avait exercé comme avocat pendant une quinzaine d'années. Sa carrière illustrait à merveille l'adage suivant : le droit mène à tout.

Sa vie quantitativement et qualitativement chargée lui valut des reconnaissances prestigieuses. Il était Officier de l'Ordre de la Couronne, Chevalier de l'Ordre de Léopold, décoré de la Médaille d'Or de la Croix-Rouge de Belgique. Il endossa aussi bien la fonction de juge consulaire que celle de membre du

Jury d'Ethique Publicitaire. En dehors de sa carrière politique, il était également un grand philanthrope, il avait fondé Le Lions Club Bruxelles-Cambre et dirigeait le mensuel « The Lion Belgium ».

Devant ce palmarès et la richesse de son parcours, Fanny fut flattée, honorée, étonnée qu'un homme d'une telle envergure l'ait sélectionnée parmi tant d'autres candidates. Durant leur débriefing, il l'informa alors qu'elle ne travaillerait pas avec lui sur des dossiers basés principalement sur la finance ou l'économie mais avec son épouse Gabrielle qui gérait les dossiers « tourisme » ou les événements ponctuels.

Deux jours plus tard, Fanny fut présentée à Gabrielle.

Un peu mal à l'aise devant cette femme intrigante, exubérante qui contrastait par rapport à la discrétion de son époux. Fanny écoutait mais ne captait rien. Elle déblatéra en un temps éclair toutes les fonctions que Fanny allait devoir assumer. Au premier abord, Gabrielle semblait stressée, débordée et n'avait pas trop de temps ni de patience.

De toute évidence Fanny allait devoir se débrouiller sans assistance. Elle se demanda alors si elle n'allait pas tout simplement rentrer chez elle. Elle avait déjà mis les pieds dans le plat dès le premier contact. Elle fit maladroitement la réflexion qu'elle l'admirait de gérer une société avec quatre enfants à élever. Elle lui répondit exaspérée :

– Mais ce ne sont pas mes enfants, ce sont ceux de Raymond.

Serait-elle à la hauteur pour tenir un tel rythme de travail ? Résister au stress ? Assumer les responsabilités qui lui incomberaient ? Ce n'était pas tellement l'ampleur du travail à absorber qui lui faisait peur mais cette ambiance suffocante, asphyxiante dans laquelle elle allait travailler.

Dès les premières semaines, Fanny se rendit à l'évidence, sa boss était harassante, assommante mais elle ne voulait pas lâcher ce poste. Que du contraire elle voulait prouver qu'elle était à la hauteur de la confiance que Raymond lui avait témoignée en l'engageant. Il n'y avait plus qu'à lâcher-prise pour supporter les humeurs capricieuses de sa femme. À la façon dont elle disait bonjour, Fanny savait comment s'adapter à « l'humeur du jour ». Elle l'avait bien compris, elle devait se rendre indispensable, irremplaçable. Dès qu'elle passait la porte du bureau le matin, Fanny endossait la personnalité d'une femme performante, infaillible et surtout insensible.

Il semblait que Gabrielle était connue dans tous les milieux publicitaires. Plus personne ne la supportait, ne pouvait l'encadrer, ni même travailler avec elle. Les agences d'intérim refusaient toute collaboration. Visiblement elle mettait la pagaille partout sur son chemin.

Elle était tout simplement insupportable, exigeante, fatigante, usante, exténuante. Raymond, d'une patience d'ange, avait fini par engager sa propre femme par amour vraisemblablement. Une erreur qui lui sera fatale. De florissante, la société tomba en faillite quelques années plus tard.

Gabrielle n'était visiblement pas une femme d'intérieur, allait au restaurant tous les jours, faisait appel au traiteur plutôt que de cuisiner. Quand l'envie lui prenait, elle appelait un taxi pour faire son shopping dans les boutiques de luxe. Sa femme de ménage à demeure s'exécutait à ses moindres caprices. Tous ses petits frais (si on peut les appeler comme ça) étaient payés par Optimum.

Pitchounette par-ci, Pitchounette par-là, était le surnom que Gabrielle avait attribué à Fanny pendant ces 10 ans de collaboration.

Certains jours, Fanny n'en pouvait plus de la supporter, d'anticiper toutes ces maniaqueries, ces exigences. Elle attendait l'après-midi pour respirer un peu. Gabrielle revenait du « Mail Coach » son restaurant préféré où elle était accueillie chaque midi comme une diva. Jusqu'à 14 heures, elle cuvait à l'aise son vin préféré. De retour au bureau, plus détendue, elle s'asseyait alors devant Fanny avec un grand sourire et lui demandait :

– Et les enfants ? Tout va bien ? Ma Pitchoun...

Diminutif de Pitchounette quand elle était de très bonne humeur. Était-ce pour se faire pardonner quand elle avait été infernale le matin ?

Gabrielle avait de plus en plus la folie des grandeurs. Rien n'était trop beau, trop cher. Les bureaux établis dans une maison de maître dans les coins en vogue de Bruxelles n'étaient pas assez grands, assez chics. Ceux-ci à peine rénovés, la société déménagea dans un immeuble de luxe avec piscine privée dans un quartier prisé de Bruxelles. La surface des bureaux était gigantesque. Fanny occupait à elle seule une salle de conférence décorée dans un design somptueux digne d'un véritable bureau de manager. C'était le bureau de Fanny.

Les frais devenaient dispendieux. Il fallait trouver de nouveaux contrats. Pitchounette s'y attela et reçut une augmentation de salaire. La pression s'intensifiait comme le rythme de travail tout comme les crédits-caisse qui se multipliaient pour payer les fournisseurs. L'engrenage infernal avait démarré.

Avec le temps, Fanny s'était habituée aux humeurs de sa boss perdue sans sa Pitchoun. Gabrielle s'avoua extasiée de la façon dont Fanny s'acquittait de toutes ces responsabilités avec un flegme imperturbable en toute circonstance.

Intriguée de l'élégance de Fanny, Gabrielle pensait qu'elle allait dans les boutiques de luxe, style Beverley Hills, Rodeo Drive.

Gênée, elle ne put s'empêcher de lui demander dans quelles boutiques elle achetait ses vêtements.

– Au GB ou les petites boutiques de quartier style « bon chic bon genre » surtout « chic et pas cher », lui répondit-elle.

Gabrielle ne comprit pas. Elle ne connaissait que « Bouvy » le genre de boutique devant laquelle Fanny ne s'arrêtait même pas pour regarder la vitrine. Les prix étaient tout simplement indécents.

Gabrielle, interloquée, n'eut pas le temps de répondre que Fanny était déjà retournée dans son bureau.

Fanny estimait que le raffinement n'était pas qu'une question d'argent.

Parmi tous les dossiers qu'elle gérait, la beauté de l'Irlande l'enchantait. Chaque année, elle organisait les voyages des 30 journalistes francophones et néerlandophones au regard de la passion de chacun. Que ce soit la pêche, la gastronomie, la nature ou encore les jardins.

Riche de ses mystères, de son patrimoine et de sa nature, l'Irlande est perçue comme une terre enchanteresse où se mêlent légendes et réalité. Les châteaux hantés, gothiques, majestueux ou imposants irradient le romantisme de toutes les contrées. Ce pays est tout aussi connu pour sa fameuse bière Guinness brune que sa légendaire hospitalité, ses repas traditionnels et ses restaurants atypiques.

Le National Géographic a décrété les promenades irlandaises parmi les plus belles du monde dans une nature encore sauvage, farouche et intacte. Le pays est connu pour ses inestimables trésors de l'art celtique, ses architectures médiévales, ses musiques, sa cornemuse. Le folklore irlandais est aussi vieux que ses éruptions volcaniques.

Tellement impressionnants, les jardins de Powerscourt dans le comté de Wicklow figurent à la 3ème place du classement des plus beaux jardins du monde du National Geographic.

Les quotidiens, hebdomadaires ou mensuels publient des articles rédactionnels si éloquents et si persuasifs sur l'Irlande qui ne peuvent que séduire les lecteurs.

Assurer la pige des articles de presse suite à la catastrophe du « Herald of Free Enterprise » de la compagnie Townsend Thoresen n'était pas une mince affaire.

Ce ferry qui assurait la liaison entre Zeebrugge et Douvres chavira le 6 mars 1987 au large de Zeebrugge laissant 193 morts. Tous les articles parus dans la presse francophone et néerlandophone se devaient d'être traduits en anglais et envoyés à la maison mère en Angleterre. Fanny nageait (c'est le cas de le dire hélas) encore dans les coupures de presse trois ans après ce drame.

En charge d'organiser la réception de l'Hôtel Métropole, Fanny avait également pour mission d'assumer le suivi complet des relations publiques afin de redorer le prestige et la notoriété de cet établissement datant de 1895 situé au cœur du centre historique de Bruxelles. La conférence de presse se devait d'accueillir plus de 500 personnes et mettre en exergue la rénovation de cet hôtel 5 étoiles. Un budget colossal avait été octroyé pour cette réception somptueuse, hors du temps.

Éblouie par tant de faste, elle revoyait l'allée de laquais en costume d'époque accueillir les invités triés sur le volet, les ministres, les personnalités importantes du tout Bruxelles. Le buffet d'apparat déjà dressé pour les convives, elle s'amusait de voir tous ces domestiques, larbins, majordomes en costumes d'époque dans un décor fastueux s'affairant autour des chariots d'acajou sur lesquels étaient dressés des carrosses décorés de cailles au raisin, les maîtres d'hôtel portant des plateaux d'argent remplis de langoustines, de homards, de fruits de mer, de caviar...

Fanny remarqua dans tout ce brouhaha une petite vieille parvenue à s'incruster à la réception revêtue de chiffons et de pantoufles tellement usées qu'on voyait ses orteils dépassés. Elle essayait de se glisser le long du buffet pour remplir ses poches de tout ce qu'elle pouvait y enfouir. Pauvre femme, c'était une bien triste réalité de constater un tel contraste avec tout ce faste, cette opulence. Les plateaux de petits-fours et de pralines étaient gigantesques, démesurés. À la fin de la réception Fanny enfourna à son tour tous ces petits fours et pralines qu'elle donna en catimini à cette petite femme si attachante. Pour le reste, que d'apparat !

Les articles de presse furent à la hauteur de la réception. L'hôtel Métropole était encensé.

Fanny découvrit les meilleures recettes, salées ou sucrées, des « Raisins Secs de Californie » qui étaient sans doute les plus consommés des fruits dans le commerce et qui se cuisinaient superbement bien avec tous les plats salés ou sucrés. Toutes ces recettes exotiques et succulentes étaient publiées dans la presse féminine ou culinaire dont elle se régalait de tester les saveurs.

Subitement, Optimum se retrouva dans une situation précaire voire même au bord du gouffre. Pour sauver la société des déficits auxquels Gabrielle ne pouvait plus faire face, Fanny accepta de promouvoir les pièces numismatiques des Jeux Olympiques à Séoul en 1988. Le budget était si énorme qu'il fallut renoncer à assumer d'autres contrats. Après les Jeux Olympiques, tout s'écroula. Les contrats ne furent pas renouvelés. Quant aux nouveaux, ils se faisaient rares. Les crédits caisse ne suffisaient plus à couvrir les charges, les loyers et même certains mois les salaires.

Désenchantée, Fanny s'épuisait, elle avait le sentiment de faire preuve de trop d'abnégation, de morfler inlassablement.

Elle avait 38 ans, Loulou 41. Fanny avait fait plusieurs fausses-couches en 4 ans. Pour elle, être à nouveau maman n'était pas sa priorité mais il se montra tellement insistant que l'idée d'avoir un enfant avec lui était devenue obsessionnelle. Son moral chavirait après chaque fausse-couche. Après un an d'attente, désespérée, elle retomba finalement enceinte. Ils étaient fous de joie à l'idée d'avoir un garçon.

Naissance d'un petit prince

La naissance était prévue le 3 novembre.

Loulou ne voulait pas d'un fils du signe du scorpion. Il obligea Fanny à rentrer en clinique pour accoucher prématurément.

Après trois jours, cloîtrée dans une pièce sans fenêtre, sans boire ni manger, elle arracha son baxter et sortit de l'hôpital furieuse, le petit prince ne voulait décidément pas voir le jour avant la date prévue.

Finalement, il arriva un 3 novembre 1988 comme prévu et était bien du signe du scorpion.

Le lendemain de l'accouchement, Loulou arriva à l'hôpital dans un état comateux, indescriptible. Il tenait dans ses bras une peluche, un marsupilami deux fois la taille de son fils. Il paraissait pourtant absent et soucieux.

Était-ce la paternité qui le mettait dans un tel état ?

Toujours marié, il n'avait jamais entamé les démarches nécessaires pour divorcer. Le lendemain de la naissance, il reçut un appel de la police. Sa femme légitime, son épouse légale (comment la qualifier) s'était donné la mort avec un revolver.

Quelle souffrance, quel drame !

Fanny ne se culpabilisait pas de cette tragédie. Loulou avait quitté sa femme et vivait séparé d'elle bien des mois avant qu'il ne rencontre Fanny. Son épouse s'était toujours obstinée à refuser le divorce.

Ce 8 novembre 1988, Loulou et Fanny étaient venus déclarer la naissance de leur fils qui s'était bien fait attendre.

– Nous venons déclarer la naissance de notre fils.

L'employée derrière son guichet :

– Vos cartes d'identité s'il vous plaît.

– Si je comprends bien, enfin j'essaye de suivre, vous êtes le père et Madame ici présente la mère de l'enfant ? Vous me dites que vous n'êtes pas marié, vous vivez en concubinage mais sur la carte d'identité de Monsieur il est inscrit marié.

– Oui c'est exact, je suis marié, enfin j'étais marié. Je suis veuf.

– Monsieur, savez-vous que vous devez faire une demande de paternité si vous voulez que cet enfant porte votre nom ?

Mais quelle embrouille se dit Fanny n'osant même plus relever la tête.

Loulou répondit alors en bafouillant :

– En fait, je suis veuf depuis ce 3 novembre. Mon épouse s'est suicidée la nuit du 3 novembre quand elle a appris que j'avais un enfant avec ma compagne ici présente.

L'employée en face de lui perdit patience, était au bord de l'implosion. Elle remplit finalement les papiers. Interloquée, elle ne savait plus si elle devait les féliciter ou présenter ses condoléances.

Les papiers remplis, ils sortirent en toute hâte n'osant plus se regarder en face. Loulou était bien le père « officiellement ».

Le petit prince portait bien le nom de son père.

Finalement, c'était l'essentiel !

A mi-chemin

Ce soir-là, Fanny décida de parler à Loulou.

Elle en avait assez de payer un loyer à fond perdu. Elle rêvait d'être propriétaire, d'un chez-soi à eux, style maison de campagne avec jardin où le weekend elle pourrait profiter du calme, loin de la cohue des villes, relaxer du stress de la semaine. Elle avait à cœur d'apprendre à jardiner, rénover, décorer un bien qui serait le sien, le personnaliser pour plus tard en profiter avec ses enfants.

Toutes les maisons étaient chères, en tout cas trop chères pour elle. Pas dans ses moyens pour faire une acquisition près de son lieu de travail ou à proximité. Elle voyait tous leurs amis évoluer, acheter ou rénover. Fanny stagnait. Elle se demandait pourquoi travailler autant pour ne pas pouvoir un jour réaliser ses envies, ses rêves. L'essentiel était surtout pour elle ne plus croupir dans un appartement comme locataire toute sa vie.

Elle suggéra à Loulou d'investir avec elle dans un bien immobilier.

Il lui avoua alors qu'il ne pouvait plus contracter d'emprunt et était fiché à la Banque Nationale. Il lui expliqua succinctement qu'avant le suicide de sa femme, il avait dû lui payer une pension alimentaire conséquente. À l'insu de Fanny, il avait également vendu son immeuble situé pourtant dans un endroit très prisé de Bruxelles où il exerçait son activité d'opticien et avait bradé le prix sans lui en parler. Il ne voulait plus exercer son métier d'opticien mais se lancer dans l'informatique. Après avoir résumé son parcours d'opticien en quelques mots, quelques minutes, il ne désirait plus s'en expliquer davantage. Sujet clos. Sa situation d'opticien semblait pourtant saine et florissante. Fanny ne saisissait plus la façon dont il fonctionnait. Il n'avait plus envie de vendre des lunettes, faire des examens, avait fait le tour et clamait à qui voulait bien l'entendre :

– Fini les lunettes, marre des lunettes, ras-le-bol les lunettes...

Elle n'osa même pas lui demander où était passé l'argent de la vente de son l'immeuble.

Déconcertée, Fanny avait le sentiment d'être laissée de côté, oubliée. Pour d'autres motifs qu'avec son ex-mari, elle se sentait à nouveau dans une situation inconfortable.

Elle avait déjà suffisamment de difficultés à gérer son travail, ses enfants et l'intendance sans se mettre en plus une pression financière. Ce stress n'allait que s'intensifier pour devenir au fil des mois, dévorant, anéantissant.

Quelques mois plus tard, une après-midi d'octobre, il faisait froid, sec mais ensoleillé. Loulou emmena Fanny visiter une maison de campagne qui avait retenu son attention. Elle n'en savait pas plus. Quel type de bien ? À quel prix ? Il paraissait si sûr de lui, très convaincant. Il avait pu la persuader de le suivre dans ce projet hasardeux.

Après une heure de route, elle découvrit ce village perdu de quelques habitations à peine, en pierres du pays du Condroz et d'Ardennes dans un environnement encore sauvage, bordé de forêts, de pâturages labourés, de prairies à perte d'horizon. Ces régions étaient encore peu habitées, leurs villages dormants peu fréquentés. Du bétail, du foin, des odeurs campagnardes désagréables par moment, leurs habitants encore rustres ou même hostiles déconcertaient Fanny. D'autant que les Bruxellois, les étrangers comme ils disent, n'étaient pas franchement bienvenus.

Loulou avait décidé pour eux deux. Ce sera la maison tant rêvée, tant attendue, au calme, à la campagne. Il l'ignorait, hélas, avec trop de rêves et certitudes préconçues et naïves.

Fanny y sera comme une princesse, se disait-il.

Sûr de lui, il avait déjà tout planifié, calculé. La maison sera leur refuge, un havre de paix, à leur image. Tout était bien qui sera pour le mieux. Le projet de rénovation était déjà établi, les plans couchés sur papier gras.

Seul restait à budgétiser les travaux.

C'est par là qu'il aurait fallu commencer ! Les désillusions seront à la hauteur de toutes les spéculations précipitées de Loulou. Il avait pourtant caressé un projet noble et ambitieux. Mais avant tout théorique, sans aucune réelle étude chiffrée, sans tenir compte de tous les tenants et aboutissants qui en découleraient et surtout en oubliant pertinemment que ce style de vie ne serait nullement adapté à Fanny.

Elle aperçut au loin le long de la route qui la conduisait peut-être à sa nouvelle demeure, une maison typiquement ardennaise d'un abord plaisant. Fanny pénétra cette maison inconnue, immédiatement interpellée. Tout était à refaire, à démolir peut-être, à reconstruire, à rénover de la cave au grenier. Toutes ces pièces d'habitations de ce logis sans âme étaient enserrées, étriquées, dégradées dans un état vétuste.

Le contenant et le contenu... Meubles, aménagements, diverses décorations se trouvaient dans un désordre total comme si déjà rejetés et abandonnés par leurs occupants. Ils divorçaient. Cela s'expliquait à présent. Seul vraisemblablement le produit de la vente de leur bien pouvait encore compter à leurs yeux.

Plutôt que des portes, des rideaux faits de couvertures d'un autre temps délimitaient chaque pièce qui n'était plus qu'un chancre, un fouillis sans nom, plein d'abandon. Certaines boiseries étaient déjà rongées par l'humidité. Une odeur rebutante de renfermé et de moisissure avait déjà imprégné le logis.

Impatiente, Fanny se décida pourtant d'acheter et à son nom. Elle paya la moitié du prix de la maison avec ses économies et fit deux emprunts, un pour le solde de l'achat, un deuxième pour commencer les travaux. Elle était bien consciente qu'il fallait payer le loyer, les deux emprunts, faire face aux travaux de rénovation plus que conséquents. Cette fermette se situait à 100 km de son lieu de travail. Elle comptait la rénover avec l'aide de Loulou au fil du temps, des années. À défaut de ne pouvoir obtenir de prêt, Loulou qui s'y connaissait en rénovation de bâtiment, savait tout faire de ses mains, proposa alors d'auto-financer les travaux selon ses rentrées financières. Fanny se sentait comblée.

Hélas, quelques semaines plus tard, le stress de Fanny était à son comble.

Loulou lui annonça qu'il n'était plus en mesure de continuer la rénovation. Les disponibilités financières du premier prêt étaient déjà épuisées. Elle lui avait fait confiance, elle n'avait pas vraiment eu le temps avec son travail et ses enfants de suivre l'évolution des travaux et de se rendre sur place chaque weekend. Elle n'avait pas pu non plus contrôler les dépenses.

Après le décès des parents de Loulou, Fanny fut étonnée qu'il ne reçut pas un centime de la vente de la maison de ses parents. Envolé le produit de vente ? Peut-être encore des dettes à apurer ? Ça n'en finira donc jamais, se disait-elle.

– Nous ne pouvons pas garder la location de l'appartement. La seule alternative est d'aller vivre dans la maison, lui dit-il.

Fanny hallucinait !

Elle n'allait quand même pas se taper trois heures de route dans les embouteillages pour se rendre à son travail. Et quoi alors ? Lâcher un travail bien rémunéré avec deux enfants à élever pour juste faire plaisir à son compagnon dans une situation financière chaotique dont il refusait de parler.

Faute d'argent, ils avaient déménagé in extremis, les problèmes s'accumulaient les uns après les autres.

Loulou avait effectivement cassé, évacué, jeté, vidé, rasé tout ce qui était entreposé dans la maison. La cave avait été vidée des pampers sales accumulés depuis des années ainsi que les autres détritus. Des dizaines de bouteilles d'alcool entassées sur la terrasse ou dans le fond du jardin furent évacuées, les plafonds arrachés. Il ne restait rien, juste quelques planches de bois entre les trois étages, vestige des planchers sur lesquels il fallait enjamber puis marcher au travers des espaces, des vides sur un plancher qui vacillait faute de solidité.

Le plus dur avait-il été fait ? Il restait juste les quatre murs extérieurs, les fenêtres, un escalier, un semblant de toiture sur trois étages d'une maison qui paraissait en démolition.

Voyant ce désastre, Fanny éclata en sanglots.

Les jours qui suivirent le déménagement, les caisses restèrent entassées jusqu'au plafond, immobilisées les unes sur les autres, à la même place pendant des semaines. La maison était un véritable chantier. Les meubles et leurs effets personnels s'amoncelaient et s'empilaient à tout va. À quoi bon ouvrir les caisses ? Les entreposer où ? Les vêtements, la vaisselle, les jouets des enfants éparpillés pêle-mêle, trainaient par-ci, par-là. Malgré son ordre méthodique, Fanny était dépassée et exténuée d'essayer de mettre un peu d'ordre dans tout ce remue-ménage. Ce chambardement devenait ingérable.

Les premières semaines, ils dormirent par terre sur des matelas posés à même le sol, tous les quatre dans la même pièce. Aucune des autres pièces n'était accessible. Elle se réveillait parfois la nuit et entendait alors le tic tic des gouttes d'eau qui tombaient dans le seau placé dans la pièce à côté. Le toit avait une fuite, il était impératif de le réparer.

Quelques semaines plus tard, au bureau, elle ne parvenait plus à se concentrer. Dans l'après-midi elle se décida d'aller voir Gabrielle.

– Je dois vous parler, c'est important, c'est grave !

Mal à l'aise, Fanny se retrouvait devant elle ne sachant comment lui annoncer ce qu'elle redoutait de lui dire. Comment expliquer ? La gorge nouée, elle en tremblait. Fanny faisait les allers-retours en voiture, près de quatre heures de route par jour. Cette situation était intenable à long terme.

Elle se rendit vite à l'évidence. Gabrielle refusait de se séparer de sa Pitchoun, elle était prête à s'adapter aux exigences de Fanny. Elle ne voulait travailler qu'avec elle, ne pouvait envisager de se séparer d'elle.

Elles se mirent d'accord pour un horaire plus flexible et des trajets en train. Gabrielle payerait le taxi qui conduirait Fanny depuis la gare jusqu'au bureau.

Un rythme infernal allait hélas se mettre en marche. Des dispositions qu'elle n'allait ni pouvoir contrôler ni arrêter avec le temps.

Fanny n'en avait pas encore conscience.

Avant de déménager, son bureau était situé à un quart d'heure de son domicile tout comme l'école et la crèche. Des circonstances et un contexte qui lui permettaient une organisation parfaite réglée comme du papier à musique.

Les habitudes allaient être chamboulées, plus que chambardées. Deux heures de train par jour, une heure en taxi pour arriver au bureau et rentrer chez elle le soir, c'était ingérable. Arrivée à la gare, il lui fallait traverser Bruxelles aux heures de pointe, un taxi l'attendrait à l'arrivée du train pour la conduire au bureau, tout cela semblait-il bien réaliste ?

La plupart du temps, rien ne se passait bien évidemment comme prévu. Le quotidien allait se montrer bien différent, pénible et moins clément. Le train n'était jamais à l'heure ou carrément à l'arrêt dans la nature pour raisons inconnues. Le matin, quand Fanny entendait le chef de gare crier « le train a un retard indéterminé », elle savait déjà que sa journée était bousillée. Quant au taxi, il n'était pas plus souvent à l'heure, bloqué dans les embouteillages ou tout simplement pas venu. Fanny était déjà stressée avant même de commencer sa journée. Par temps de pluie ou suite à un accident, elle arrivait systématiquement en retard. Le soir c'était le même cirque. Certains jours, elle était exténuée. Il lui arrivait de s'endormir dans le train d'épuisement, se retrouvait alors quelques stations plus loin que celle où elle devait descendre. Elle se réveillait en sursaut, descendait au prochain arrêt, accostait en panique le chef de gare qui avait plutôt des allures d'assistant social. Elle attendait parfois une heure pour reprendre un train et enfin arriver chez elle. Mais quel casse-tête, quel tourbillon infernal. Le lendemain, dès 6h30, c'était reparti.

Les taximen avaient de la compassion pour Fanny. Ils la

surnommaient « la petite dame du quartier Léopold ». À force de prendre deux fois par jour le taxi, une sorte de complicité s'était tissée entre eux. Elle tenait le rôle de confidente. Fanny découvrait leurs vies, leurs déboires, leurs coutumes. Dans ces métiers-là, les chauffeurs n'étaient la plupart du temps pas de nationalité belge, mais tunisiens, marocains, algériens ou autre. Elle les entendait souvent répéter le même discours attendrissant, plein d'empathie.

– Mais ma petite dame, vous allez vous écrouler, vous allez tomber malade, vous ne pouvez pas continuer cette course infernale.

Cette situation folklorique à certains moments n'était pas simple à endosser, devenait même usante, éreintante au fil des semaines.

Gabrielle s'énervait de plus en plus. Le peu de patience qu'elle essayait de contrôler s'estompait. Elle saturait de ces retards incontrôlables, ne lui accordait même plus un bonjour ni un bonsoir.

À peine arrivée au bureau, Fanny n'avait plus le temps d'enlever son manteau, elle était déjà plongée dans l'urgence, prête à encaisser les remarques. La pression devenait à son comble. Si par malchance elle avait passé une mauvaise nuit à cause d'une angine d'un de ses enfants, c'était le cauchemar. Fanny se levait exténuée et était incapable de tenir le rythme de la journée. Gabrielle prenait alors un plaisir presque déplacé de lui balancer :

– Vous ne semblez pas en très grande forme aujourd'hui, ma chère Pitchounette.

Fanny essayait alors de se ressaisir, les yeux remplis de larmes. Seul le stress lui permettait de tenir ce rythme infernal.

« À force de tirer sur l'élastique il finit par casser ». Gabrielle abusait de plus en plus... Fanny n'eut pas le temps de réaliser qu'elle saturait à tous les niveaux. Elle explosa à tout rompre, se mit à hurler en face d'elle.

– Je n'en peux plus mais je n'en peux plus de vous voir, de vous supporter.

Gabrielle se mit à hurler à son tour, appela à la rescousse son brave Raymond.

– Raymond, viens vite, viens tout de suite, Pitchounette devient folle.

La rupture, après 10 ans de collaboration, était inévitable. Raymond fut obligé de licencier Fanny. Au moment de lui remettre ses documents de sortie, il commença à faire son petit discours quand soudain, incapable de parler, il éclata en sanglots. Fanny était remuée, touchée et consternée de voir cet homme de près de 70 ans dans un tel état. Il la remerciait de sa présence, de son professionnalisme. Il n'avait jamais imaginé qu'une petite bonne femme si fluette aurait tenu dix ans avec un tel stress et supporter sa chère épouse. À se demander si lui-même supportait encore sa femme ? Comment allait-il trouver une remplaçante pour endurer ses fureurs ? Il n'eut pas longtemps à se le demander. La société était en déconfiture.

Après son licenciement, Fanny se sentait nostalgique dans cette campagne isolée, dont rien, mais vraiment rien ne lui correspondait. Elle n'entrevoyait pas d'issue. De plus, aucune proposition de travail malgré tous les CV envoyés ne lui fut présentée. Sa perte de salaire lui fit presque perdre pied.

Comment allait-elle retrouver un travail à l'approche de ses 40 ans dans ce village perdu de Wallonie ? Avec le temps, elle s'était accoutumée aux humeurs de Gabrielle, aux trajets. Fanny appréciait de travailler dans les quartiers où elle avait grandi. Elle y avait ses repères, son univers, cet environnement qui était le sien depuis toujours. Déjeuner le midi avec ses amies d'enfance était une délectation dont elle ne se lassait pas. C'était inéluctablement le passé.

Fanny se demandait comment elle avait abouti toujours dans des milieux si luxueux, guindés ? Par pur hasard ?

Les soirées entre amis s'espacèrent au fil du temps. Chacun à sa façon changeait peu à peu de style de vie et la distance créa la distance.

Fanny décela alors chez Loulou une autre personnalité qui lui était jusqu'alors méconnue. De plus en plus sédentaire, il restait la plupart du temps dans son bureau à développer des logiciels dont il n'en voyait probablement pas lui-même la finalité. C'était devenu sa drogue, sa maîtresse ou qui sait un esclavage dont il n'avait pas encore pris conscience. Enraciné sur sa chaise, figé devant son ordinateur, en training, en savates, il fumait cigarette sur cigarette, mangeait ses sucreries face aux vaches pour seul horizon qu'il voyait au travers de la fenêtre de son bureau. Quand il coinçait sur le développement d'un logiciel, les cigarettes se consumaient les unes après les autres sur le bord du cendrier.

Il s'empâtait. Lui qui avait été si dynamique, sportif, elle ne le reconnaissait plus. Le médecin l'avait mis en garde à maintes reprises, son taux de cholestérol était beaucoup trop élevé. Il pouvait être dans « Le Livre des Record ».

– Quand vous aurez un problème ce sera sérieux, même irréversible, lui dit-il.

Loulou ne sembla nullement s'en soucier et continua à narguer Fanny de plus belle, ce qui la mettait hors d'elle.

– Je ne risque rien, je ne fume pas tant que ça, tu t'inquiètes pour rien. Et puis après tout, ce n'est pas toi qui payes mes cigarettes.

Elle n'avait plus beaucoup de motivation pour chercher du travail. Mais à quoi bon ? Travailler pour ramener un salaire juste pour combler ces arriérés d'impôts, ces cotisations sociales, ces amendes de TVA ?

Fanny en avait assez ! Carrément assez ! Ce n'est pas que Loulou ne gagnait pas sa vie mais il était tombé dans un cercle infernal de dettes répétées, reportées et dans le collimateur du Ministère des Finances. Une fois qu'on y rentre, on en sort plus, se disait-elle.

Elle ne se trompait pas. Habituée à voir la tête de l'huissier, elle vivait dans le flou, ne parvenant plus à se projeter, faire des projets, se réjouir de vacances ou d'un petit weekend en amoureux. Avec le peu d'argent qu'elle épargnait, elle arrivait quand même à partir en vacances avec ses enfants. Il n'avait aucune envie de l'accompagner ou la rejoindre quand elle était à la côte, sa destination privilégiée. Elle en avait pris son parti. Elle était trop conciliante, accommodante, détestait les heurts, les conflits que pour provoquer la moindre dispute. Finalement, elle ruminait, se taisait, ruminait encore et encore. Que pouvait-elle changer ? Elle aimait Loulou et n'envisageait pas de le quitter avec deux enfants à élever. Elle remettait le couvert comme avec son mari. Qu'avait-elle à se reprocher ? Fanny se disait qu'elle n'était jamais dans le canevas de la normalité. Mais c'est quoi alors la normalité ? se répétait-elle en boucle. Toujours est-il qu'elle ruminait, de jour en jour, encore et toujours. Loulou n'avait pas été fichu pendant toutes ces années de faire deux heures de route pour venir les rejoindre, elle et son fils, pendant les vacances. Elle s'était bien tapé trois heures de route quotidiennement pour se rendre à son boulot !

La bouilloire explosera un jour mais quand et comment elle ne le savait pas.

Durant sa période de chômage, les travaux de la maison étaient quasiment à l'arrêt. Même l'essentiel faisait défaut, le porte-monnaie presque vide, faire ses courses de ménage devenait compliqué. Fanny connaissait par cœur le prix de chaque article qui passait à la caisse, il fallait bien... Elle disposait d'un budget trop limité et devait s'y tenir.

Saturée, elle décida alors d'accepter n'importe quel job qu'on lui proposerait et faire abstraction de ses propres attentes et exigences.

Un matin, elle fut enfin contactée pour un poste de secrétaire. Le patron, un notable, voulait la rencontrer le jour même. Il n'avait retenu qu'un détail sur son CV. Fanny avait travaillé au « Botin Mondain ». Ce cher « Comte de » avait flashé sur elle uniquement parce qu'elle avait côtoyé ce petit monde à part.

Ah ! Ces fameux « petits de, Comtesse de, Baron de ». Bien longtemps qu'elle ne les avait plus entendus. Lors de son interview elle remarqua la pile de curriculum vitae.

Aucune importance ! Il ne voulait personne d'autre qu'elle. Jugeait-il de ses capacités et aptitudes encore à prouver ou était-il séduit par son physique avantageux ?

Sa vie n'était qu'un éternel recommencement des mêmes situations, elle avait si souvent rencontré tant d'hommes qui ne s'intéressaient qu'à son physique. Elle aurait pu être fière de plaire mais au final elle n'était souvent qu'une petite barbie de service.

Les quelques jours qui précédèrent son premier jour de travail, Fanny s'imaginait, se voyait déjà... Pour se remonter le moral, elle chantonnait à mi-voix la chanson d'Aznavour : « *Je m'voyais déjà. Je m'voyais déjà* ». Hélas, elle ne se voyait pas du tout. Elle n'avait pas quitté sa province, elle venait juste d'y arriver et « le haut de l'affiche » elle ne s'y voyait pas non plus, c'était loin d'être gagné.

Elle était parvenue à négocier une voiture de société. Quant à son job, rien à voir avec les relations publiques, l'événementiel, les voyages à organiser, elle avait été engagée dans une de ces concessions automobiles dont les bureaux lugubres avaient plus l'allure d'un hangar.

Pauvre Fanny ! Elle n'y arriverait pas, elle allait devoir établir des devis pour les entretiens de voitures, des pièces à remplacer. Franchement, avait-elle la tête de l'emploi ? Elle qui a toujours détester les mathématiques. Fanny était plutôt littéraire, appréciait le vocabulaire subtil, raffiné et faisait une véritable aversion aux mots freins, embrayages, cylindres, turbots, étriers, roulement à billes, géométrie... Tout ce nouveau vocabulaire purement mécanique allait faire partie de son quotidien. Elle se remit à ruminer mais n'avait d'autre choix que d'accepter l'impensable pour elle.

À peine embauchée, elle rejoignait son patron sur ses ordres dans ses appartements privés et son bureau personnel. Elle devait s'occuper des affaires personnelles de Monsieur, de son courrier privé. Elle eut juste à disposition une vieille machine à écrire, utilisait le « Tipex » qui traînait sur la table pour effacer une faute de frappe ou encore le suivre avec sa petite voiture à travers les champs, les bois, découvrir l'étendue des propriétés aux alentours du château, acquiescer qu'elle aimait la chasse qu'elle détestait.

Et Loulou finalement ? Se souciait-il de ce qu'elle vivait ? Il ne semblait nullement concerné par le quotidien de sa femme.

Certains jours, Fanny était propulsée au château pour partager le repas solennel du midi servi par deux servantes en tablier blanc. Elle attendait d'être invitée à la table sans dire mot.

Quel supplice ! Mais quel calvaire ! Toujours subir !

Sans plus réfléchir, elle finit par rendre son tablier, ramena la voiture, ne termina pas sa journée, alla se promener le reste de l'après-midi et rentra en bus. Son préavis donné, elle n'avait pas droit au chômage, juste le salaire du mois écoulé.

Comment annoncer la bonne nouvelle à Loulou ? Quand on est au fond de l'abîme on ne peut que remonter, se disait-elle pour se rasséréner.

Son ras-le-bol était à son paroxysme.

Après la pluie, le beau temps

Les changements informatiques étaient importants en cette approche de l'an 2000 et du passage à l'Euro. Les systèmes informatiques passaient du système DOS en Windows. Loulou était à la pointe de tous ces changements et se devait d'effectuer ces modifications sur les ordinateurs de près d'une soixantaine de ses clients en un temps record.

Une bonne partie de son temps, Fanny flânait dans le bureau de Loulou qui retrouvait son énergie d'antan. Il était tout simplement débordé par l'évolution des systèmes informatiques. Une version était à peine commercialisée sur le marché qu'il recevait déjà la suivante. Intriguée de découvrir cet univers totalement inconnu, elle commença à s'initier aux programmes en autodidacte pendant des heures jusqu'à maîtriser de son mieux toutes les subtilités des fonctions et des menus déroulants.

Il connut enfin une période prospère. Tous ses clients voulaient acheter du matériel de pointe et utiliser ces nouveaux logiciels. Il proposa à Fanny de visiter ses clients pour les initier et les former. Il était convaincu qu'elle avait toutes les qualités requises pour faire face aux exigences de ses clients. Elle avait assez démontré, pensaient-ils tous les deux, pendant dix ans ses aptitudes et ses capacités à s'adapter dans l'événementiel et les relations publiques entre-autre.

Elle ressortit ses tailleurs des placards avec un enthousiasme débordant. En moins d'une semaine elle était opérationnelle, organisa son propre agenda, ses rendez-vous. Elle était déjà conquise de s'acquitter de ce job. Flattée d'être responsable, elle retrouva en un temps record son dynamisme, son envie d'aller de l'avant, son indépendance, son sens de l'organisation.

Exaltée et épanouie, elle partait tôt le matin après avoir déposé ses enfants à l'école, parcourait la Wallonie, Bruxelles et ses alentours. Loulou vendait ses logiciels dans une zone géographique étendue, il était si heureux autant pour lui que pour elle des appréciations favorables de ses clients quant à leurs formations qu'elle avait réussies. Ils retrouvèrent leur complicité laissée au placard trop longtemps. Ils s'aimèrent à nouveau comme au premier jour.

Quel Challenge

Durant cette période euphorique et prospère, un matin, un homme racé, d'une élégance surprenante, toqua à la porte.

Visiblement énervé et impatient, il demanda à Fanny s'il était à la bonne adresse... Cardiologue de notoriété à l'hôpital Universitaire de Mont Godinne, ce monsieur devait s'envoler aux USA pour présenter sa thèse en cardiologie rédigée en anglais et éditer son ouvrage avant son départ. Il y travaillait depuis plus de cinq années mais avait utilisé, associé tellement de logiciels différents et plus de 80 graphiques qu'il ne s'y retrouvait même plus. Un véritable melting-pot.

Aucune imprimerie de la région n'était disposée à prendre le risque et la responsabilité de mettre en page son ouvrage dans des délais si courts. Il était désespéré. On lui avait pourtant bien renseigné qu'un informaticien habitant à ... pourrait peut-être l'orienter et l'aider.

Fanny répondit que Loulou ne gérait pas la photocomposition et ne possédait pas en tout cas le matériel adéquat pour réaliser un tel travail. Fanny n'eut pas le temps de dire qu'elle était désolée qu'il arriva en trombe. Il s'engageait à mettre en page son ouvrage à l'heure et à temps.

Avait-il perdu la raison ?

À son tour, elle se sentit déboussolée. Instantanément après le départ du cardiologue, il lui annonça d'emblée que ce sera elle qui se chargera de la mise en page. Dans ce domaine, elle n'y connaissait rien.

Dès le lundi, avec les conseils et l'aide de Loulou, Fanny se mit devant les écrans, chargea divers programmes, essayait de comprendre, de décrypter les fonctions, utilisait le scanner pour l'insertion des graphiques. Elle se mit alors à travailler plus de dix heures par jour.

Pendant une semaine, elle se réveilla de stress, de fatigue, jusqu'à déposer des post-it sur sa table de nuit : « Faut pas oublier ça... Peut-être faire comme ça, essayer telle fonction ».

C'était de la folie ! Son cerveau ne savait plus suivre. Elle finit par prendre un somnifère et se rendormit.

Tombait-elle en burn-out ? La « deadline » se rapprochait, le stress la dévorait ...

Fanny contemplait le magnifique bouquet de fleurs que le cardiologue lui avait offert pour la remercier. Sur la table du salon, il avait déposé délicatement quelques exemplaires de l'ouvrage avec un petit mot personnalisé. C'était un gentleman. Elle avait réussi à tout boucler à temps.

Il s'envola le lendemain pour les USA. Elle ne le revit pas et n'eut jamais de ses nouvelles. Le challenge avait été relevé. Quelle allégresse. Loulou la félicita pour son endurance et son acharnement.

Les quelques semaines qui suivirent, Fanny eut le contrecoup, probablement dû à la fatigue. Mais il y avait autre chose qui la dérangeait, elle se sentait absente, envahie par une sorte de lassitude qui ne la quittait plus. Elle avait été séduite par cette expérience, par ce job qu'elle avait effectué finalement avec une assiduité qui l'avait déconcertée.

Elle entendit alors parler d'une formation de photo-composition à Bruxelles. Il fallait s'inscrire, passer des examens de connaissances informatiques, décrire sa motivation et justifier de compétences. Les chances qu'elle soit sélectionnée étaient faibles, il y avait déjà plus de 100 inscrits mais seulement trois candidats seraient reçus vu le matériel onéreux qu'il fallait mettre à leur disposition.

Fanny se rendit quand même à cet examen. Devant son questionnaire depuis plus d'une heure, elle ne savait pas trop quoi répondre à certaines questions trop pointues, trop complexes pour elle.

Et merde, après tout...

Elle n'était pas informaticienne, elle fera de son mieux.

Elle arriva à la page « Motivations ». Sa plume glissait comme une acrobate. Elle remit ses feuilles sans les relire. Elle devait encore se taper deux heures de train pour rentrer chez elle. C'était bon ainsi, on verra bien, elle saturait.

Deux semaines plus tard...

Emballé, Loulou interpella Fanny, il avait réceptionné un courrier.

– Incroyable, tu es sélectionnée. Félicitations ! Comment as-tu fait ? lui disait-il ahuri.

Fanny n'éprouva pourtant aucune satisfaction que du contraire. Elle fut envahie par un découragement soudain. En finalité elle n'avait toujours pas de contrat de travail, pas de revenus en dehors du chômage. Elle ne supportait plus ce statut. Elle ne sut apprécier la bonne nouvelle.

Après une nuit salutaire, sa réflexion mûrie, elle renonça à cette proposition, elle refusait de retomber dans le schéma train, trajets, heures infernales, fatigue. Du stress à nouveau ? Non, elle n'en voulait plus. Et ses enfants dans tout ça ?

Sans nouvelles de sa part, elle fût rappelée par la responsable des ressources humaines :

– Mais rendez-vous compte ou quoi ? Les gens pleureraient pour pouvoir bénéficier d'une telle opportunité d'emploi avec une formation adéquate, onéreuse à nos frais.

– Et bien donnez ma place ! répondit Fanny.

Elle se fichait bien de l'acharnement de son interlocutrice, tous ses propos la laissa d'une indifférence sans pareille.

Le Code de la Route

Après le rush de l'an 2000 et du passage à l'Euro, Fanny n'avait presque plus de formations à effectuer pour les clients de Loulou. Quant à lui, il semblait soudain submergé de travail par l'analyse et l'étude d'un nouveau projet informatique qui devait, selon ses dires, lui rapporter au terme de la finalité du programme beaucoup d'argent, des rentrées régulières et lui permettre enfin d'apurer ses dettes.

Intriguée, Fanny lui demanda plus de détails sur ce concept mais comme à son habitude il resta évasif. Elle comprit par bribes et morceaux qu'il développait un logiciel pour les polices de Belgique. Les hommes de terrain ne pouvaient faire suivre administrativement au Parquet les nombreux constats de police et autres procès-verbaux rédigés suite aux accidents de la route et autres infractions. Une fois un constat d'accident dressé, un questionnaire de près de 200 questions serait à compléter et à envoyer au Parquet afin que le Tribunal ensuite puisse établir le Jugement.

Voilà ce que Fanny capta !

Loulou était emballé et fougueux de mener à bien ce projet dont il rêvait qui serait malgré tout de longue haleine et fastidieux.

Était-il en train de l'embobeliner avec ses belles paroles ?

Il lui promettait un avenir radieux et des rentrées financières conséquentes.

Elle resta perplexe. Allait-elle enfin vivre sereinement sans tracas d'argent, ces dettes accumulées dont il ne voyait pas le bout ?

C'est alors qu'il lui parla d'addendas, de mises à jour à effectuer concernant le Code de la Route en français et néerlandais pour les Éditions Postal. « Le Postal » (Kluwer) qui se composait de 6 volumes pour une version complète qui traitait de la législation routière (code de la route, permis de conduire, immatriculation, alcoolémie, assurances...).

Le Code de la Route, comme on le désigne habituellement, est issu en fait de l'arrêté royal du 1er décembre 1975. Il fait suite à un Code de loi de 1954 et celui de 1934. Avec le temps et l'évolution des modes de déplacement, le Code a connu de nombreuses modifications bouleversant quelque peu sa structure. Cela va de l'ajout de quelques mots à l'insertion d'articles complets, de graphiques, de signaux. Ces mises à jour sont régulières et envoyées sous forme d'addenda papier à toutes les polices de Belgique. Le service de mise à jour est obligatoire et onéreux.

Loulou avait en son temps créé un programme dentaire pour un dentiste de la région. Un certain Monsieur « Postal » qui était également le responsable des « Éditions Postal » dont le père était le fondateur du code de la Route.

Les éditions n'étaient nullement satisfaites du suivi des mises à jour et ne trouvait personne pour assumer cette charge et cette responsabilité.

Ce n'était pas tombé dans l'oreille d'un sourd.

Loulou pensa alors que Fanny était à nouveau la personne idéale pour ce job. Elle lui parut suffisamment autonome, méticuleuse et organisée pour gérer seule la complexité de ce travail qui demandait une connaissance approfondie de la photocomposition sur Macintosh Apple avec une interface graphique.

Tout ce matériel haut de gamme serait mis à disposition avec d'autres programmes tels que Photoshop, Powerpoint, une imprimante couleur, un scanner à la personne qui reprendrait la gestion.

Détour vers le bonheur

Pendant près de 5 ans, Fanny mena une vie harmonieuse et paisible. Elle était comblée. Une plénitude qu'elle savourait au fil des jours. Elle reprenait confiance, entrevoyait enfin son avenir de façon sereine.

Pour maîtriser la connaissance de tous ces logiciels, elle travailla sans relâche. Assidue, combative, elle parvint à l'heure et à temps à terminer son premier addenda.

Les collaborateurs extérieurs lui communiquaient régulièrement les mises à jour pour le prochain addenda à paraître. Quant à la matière, Fanny ne s'était jamais imaginée que tous ces changements étaient si fastidieux. Un éternel recommencement. Elle se confortait en se persuadant que son avenir professionnel était assuré. Sa maîtrise à gérer la photocomposition en si peu de temps était acquise.

Elle était libre d'organiser son emploi du temps comme elle le souhaitait, bénéficiait d'horaires flexibles. Enfin disponible pour conduire ses enfants à l'école, être présente pour eux. Elle prenait le temps de vivre, de s'occuper de l'intendance, du jardin, savourer des moments de détente avec Loulou.

Le bonheur c'est d'accepter la vie telle qu'elle est, de vivre dans l'instant présent, d'être tout simplement soi. Fanny se sentait épanouie.

À l'époque, aucun secrétariat social ne voulait leur soumettre et encore moins rédiger un contrat d'emploi. Il n'existait soi-disant pas de lien de subordination entre deux personnes qui vivaient sous le même toit. Ils étaient déterminés à trouver un arrangement jusqu'au jour où Loulou tomba sur le bon interlocuteur qui trouva la solution adaptée.

« Quand on veut, on peut » (Livre de Norman Vincent Peale). Les miracles de la pensée positive.

Fanny obtenu finalement son contrat d'emploi. Loulou était devenu son employeur en plus de son amant et le père de son fils. Quant à elle, elle était sa propriétaire, lui son locataire. Fanny trouvait la situation cocasse, amusante. C'était un bon compromis somme toute.

Ils travaillaient la journée ensemble, s'octroyaient des moments de pause à leur gré, des siestes selon leurs envies. Fanny s'attelait à la mise à jour de l'addenda et Loulou se consacrait à son logiciel. Ils étaient à nouveau en osmose et en harmonie totale. Elle ne connut aucun conflit, aucun désaccord pendant toutes ces années. Ils ne se lassaient pas d'être ensemble la journée, les soirées, les nuits. Fanny s'était créer son univers à elle, à eux, elle s'était enfin débarrassée du tumulte des trajets et des humeurs instables d'un patron. Elle se sentait apaisée.

Le bureau avait été rénové et aménagé mais nullement la cuisine qui était restée en état de chantier. Fanny s'en accommodait sans rouscailler.

Il était tellement absorbé par l'ampleur du développement de son logiciel qu'il finit par négliger les quelques clients qui lui restaient, il ne cherchait plus à développer sa propre clientèle. Fanny trouvait que sa façon de procéder, d'évoluer devenait dangereuse, intrépide, hasardeuse. Mettre « tous les œufs dans le même panier » n'était pas des plus rassurant. Elle avait surpris certaines conversations entre Loulou et Postal qui devenait de plus en plus pressant, exaspéré que ce fameux programme tant attendu ne voyait toujours pas le jour.

Loulou cachait probablement son anxiété, essayait d'épargner Fanny. Il commençait à s'épuiser. De stress, il fumait de plus en plus, se gavait de toute pâtisserie et devint diabétique. Était-ce le stress qui l'envahissait à ce point ? Sa santé se dégradait. Il vivait de plus en plus retranché sur lui-même et n'accompagnait plus Fanny nulle part.

Elle se rendit à l'évidence, les crédits sur ses comptes bancaires étaient insignifiants. Il était très mal rémunéré, juste de quoi survivre. Quand Fanny en parla à Postal, il lui répondit :

– Si vous n'avez pas assez d'argent pour vous mettre un steak sous la dent, et bien mangez des spaghettis.

Encore heureux que Fanny avait son salaire. Oui, mais jusqu'à quand ?

Les factures s'accumulaient à nouveau. Le cercle infernal des dettes avait-il repris son processus ?

L'exaspération de Fanny redevenait à son comble.

« Avec le temps... (Léo Ferré)
Avec le temps va tout s'en va
Le cœur quand ça bat plus
Avec le temps tout s'évanouit
Avec le temps va tout s'en va
Mêmes les plus chouettes souvenirs
Avec le temps va tout s'en va
On oublie les passions et l'on oublie les voix
Et l'on se sent toute seule
Alors vraiment
On n'aime plus... »

Avec le temps, alors vraiment, on n'aime plus...

La tornade inattendue

Il devait être près de 17 heures ce vendredi 19 septembre 1997. C'était le lendemain de son anniversaire. Fanny venait d'avoir 45 ans.

Assise en face de Loulou dans le bureau, Fanny travaillait consciencieusement sur ses textes du code de la route.

Absorbée par l'ampleur des pages à terminer, elle sursauta soudain quand elle entendit la voix de Loulou lui ordonner :

– Tu vas me chercher mes deux paquets de cigarettes ?

– Non...

– Tu y vas maintenant, je n'ai plus de cigarettes.

– Non je n'irai pas, lui répondit-elle exaspérée.

Loulou toujours si placide, sortit de son bureau dans une colère effrayante. Elle ne l'avait jamais vu dans un tel état de fureur. Il était endiablé.

– Si tu n'y vas pas, je te casse ta baraque.

Fanny, nullement décontenancée par ses menaces répondit :

– Et tu veux commencer par quoi ? Les cadres ?

Aussitôt dit, aussitôt fait. Fanny prit au hasard deux cadres du salon et les éclata par terre.

Tout se passa si vite ce jour-là, que ni lui, ni elle, ne réalisèrent qu'ils avaient programmé un désastre à venir.

Une rupture brutale, définitive, irréversible allait s'installer entre eux, insidieusement pour détruire, anéantir tout ce qu'ils avaient essayé de construire ensemble pendant plus de 15 ans de vie commune.

Ils allèrent subir une descente aux enfers chacun de façon bien différente.

En quelques minutes, Loulou empoigna un sac, y fourra quelques nippes, claqua la porte et partit pour ne pas revenir ni le soir, ni avant plusieurs jours.

Abasourdie, Fanny était en état de choc, médusée, sidérée de son comportement totalement invraisemblable, inattendu et irrationnel.

Instinctivement et de colère sans doute, elle débrancha alors tous les ordinateurs, effaça les textes qu'elle était en train d'achever qui devaient être impérativement à l'imprimerie pour l'impression de l'addenda. Elle avait bousillé le travail de plusieurs semaines. Elle savait pertinemment bien que ce qui venait de se passer allait avoir des conséquences dramatiques. Elle en crevait de dépit mais elle allait les faire tous crever aussi !

Elle appela alors Postal pour lui signifier qu'il ne devait plus compter ni sur le développement du logiciel ni sur la mise à jour des addendas. Le lendemain, Postal rappliqua chez eux la suppliant de rebrancher les ordinateurs. Fanny était déterminée, elle n'achèvera pas les mises à jour. L'addenda ne vit d'ailleurs jamais le jour. Aucune imprimerie ne fut capable de reprendre et d'achever ce travail trop complexe que Fanny avait exécuté et dont elle seule connaissait les subtilités.

Ce qui survint ce vendredi 19 septembre 1997 alla changer le cours de la vie de Fanny. De toute son existence. À jamais !

Après le départ de Loulou, Fanny craqua, le supplia de rentrer. Tout était en train de chavirer... Plus de boulot. Plus d'argent. La débâcle totale, irréversible. L'aimait-elle encore ?

Quelques semaines plus tard, tôt le matin, Fanny se trouvait seule, les enfants à l'école, Loulou à l'extérieur. Soudain, elle entendit plusieurs voitures se garer devant chez eux dans un chaos, un vacarme inhabituel. Fanny n'eut pas le temps de réaliser qu'elle entendit hurler de l'autre côté de la porte.

– Ouvrez immédiatement sinon on enfonce la porte de force.

Prise de panique, elle empoigna son téléphone, demanda à Loulou de revenir de toute urgence. Elle était désarçonnée, en panique.

Imposant, méprisant, hautain, un huissier s'introduisit dans leur domicile sans ménagement. Il était encadré de deux policiers. Elle reconnut un peu plus loin, assis dans leur voiture, Postal et son épouse, accompagnés de deux inconnus.

À son soulagement, Loulou était déjà de retour. Il gardait un calme implacable. L'intrusion brutale, inopinée de l'huissier fit chavirer Fanny qui s'enfuit se réfugier dans la chambre.

Le ton montait, devenait violent. Elle entendait vaguement parler d'argent, de délai, de contrat non respecté, de procès, d'indemnités.

Assise au bord du lit, ses genoux s'entrechoquaient. Fanny fut prise d'une crise de panique qu'elle ne pouvait plus contrôler. L'huissier embarqua avec l'aide des deux policiers tout le matériel informatique du bureau de Loulou.

Les semaines qui suivirent, Fanny eut un trou noir, elle ne se souvenait plus de rien, anéantie, en état de choc, elle ne pouvait plus articuler une phrase. Elle ne comprenait plus rien à cette situation, totalement désemparée, incapable de réfléchir, de s'exprimer.

Entre eux, le dialogue était devenu inexistant.

Fanny tomba malade. Quelques semaines plus tard, elle apprenait qu'elle avait un cancer du sein.

Parenthèse

Ce 28 janvier 2020, à la lecture d'une des pages du livre « La Vie de Famille » Fanny découvrait que son frère Patrick, ce même été de 1997, avait invité sa mère à passer quelques jours chez lui. Elle avait accepté son invitation. Pourtant il la détestait et ne l'avait plus vue depuis 30 ans, l'année de son départ en 1967 du cocon familial.

Ce fût la dernière fois qu'il vit sa mère.

Ce rapport mère-fils était irrémédiablement détruit, en miettes. Il ne restait rien.

Qui était responsable de cette destruction ? La vie ne leur réservait-elle que des acharnements de malheurs ?

Fanny se posa la question malgré elle. Commençait-elle à subir ce même sort ?

Fanny continua la lecture du livre. Son frère avait écrit :

Au revoir, Christiane, Bye, Bye. Bon retour et tant qu'on y est, bon débarras ! Je ne sais pas que c'est la dernière fois que je la vois.

J'appréhende ce séjour comme la fin du monde. Ma colère est tenace. Ma fureur est intacte. Je tente en vain de me calmer. Je m'énerve encore plus. Je bouillonne à l'intérieur et suis au bord de l'implosion. Il y a trop d'orage en moi. La sentir là me met hors de moi. Elle me rend terriblement agressif. Quelle idée ai-je eue de la faire venir. La voir chez nous m'indispose. Sa présence m'exaspère. Elle me casse les oreilles. J'ai envie de lui flanquer mon poing dans la figure pour qu'elle la ferme enfin. Ta gueule !

Toutes ces ruptures brutales, irréversibles, étaient-elles juste encore des coïncidences ?

Leur destin était-il scellé de brisures qui se répétaient inexorablement ?

Cancer du sein

Fanny lisait le protocole reçu par fax. Son regard figé, elle le relu une dernière fois. Hallucinait-elle ?

Ces résultats sont malheureusement très inquiétants. Ce nodule qu'on pensait correspondre à un ganglion serait plutôt le processus tumoral...

Fanny ne retenait que quelques mots arrachés au hasard de sa lecture : cancer, sein, opération.

Elle en avait déjà subi des vicissitudes de la vie. Que de registres, de revirements, elle essayait de rester positive face aux événements qui se succédaient, n'épargnant pas le cours de son existence. Il faut donc tout subir, tout essayer comme les menus, goûter à tout, tout consommer. Comme au restaurant, recevoir la carte des menus mais être prête à en payer le prix fort.

Si vous n'êtes pas satisfaite, n'hésitez pas, prenez contact avec le standard, les urgences, formez le 100 !

Elle saisit le fax et se remit à lire, encore et encore, comme une récitation qu'il fallait connaître par cœur. A cette nouvelle lecture, elle fut plus interpellée par les mots *malheureusement très inquiétants* que par les autres phrases qui pourtant n'étaient pas des plus anodines. Dans leur jargon médical que signifiait *malheureusement très inquiétant* ? N'avait-elle presque pas ou peu de chances de survivre, plus que quelques mois ? Quelques semaines ? C'est tout de même un choc d'accepter tout ça ! se dit-elle. Ils ne peuvent pas être un peu plus prévenants avec les patients, les ménager avec douceur.

Elle venait de faire son contrôle un mois auparavant.

– Mais non, tu te fais des idées, lui disait Loulou pour la rassurer.

Elle était passée chez son médecin lui faire part de son inquiétude.

– Madame, si je m'inquiétais, je prendrais mon téléphone et vous enverrais faire une ponction.

Elle revoyait encore ce médecin indifférent mettre sa main machinalement sur son sein pour l'examiner une dernière fois.

– Revenez me voir dans un an, tout va bien.

Fanny alla quand même faire une ponction. Elle se foutait de son avis. Elle continua à vivre normalement pendant trois semaines. Au moment où elle rentra avec ses courses, Loulou était déjà arrivé dans la cuisine. Il semblait totalement mal à l'aise, inquiet, hésitant.

– Le médecin a téléphoné.

Si le médecin a téléphoné, ce n'est jamais bon signe et surement pas pour annoncer que tout va bien ! Sous le choc, elle laissa tomber ses paquets. Loulou lui annonça alors qu'elle avait bien un cancer du sein.

Fanny devait se rendre chez le médecin le lendemain matin à 8h30. C'était donc urgent, sérieux. Elle était déjà soulagée de ne pas être hypocondriaque, trop angoissée elle n'aurait même pas passé la nuit.

Le lendemain, comme deux ignorants, imbéciles, Loulou et Fanny écoutaient ce jargon qu'ils avaient du mal à assimiler...

Il fallait opérer d'urgence la tumeur Grade II, le Stade 1... et le Stade III, c'est quoi alors ? En fait, combien de stades y-a-t-il ? Il faut expliquer clairement s'il vous plaît et de Grades, combien y-a-t-il de Grades ?

Fanny et Loulou essayaient vainement de suivre. Donc on n'échappe ni à l'un ni à l'autre, donc si on résume bien, se disaient-ils, toujours « Grade » et « Stade » ? Quel est le plus grave ou le plus bénin (restons positifs) des deux, Grade ou Stade ? Tout dépend du nombre de nodules, et des nodules atteints ? Et combien de nodules ? Donc, il y a les grades, les stades et les nodules ? Et les nodules alors, on les enlève ? Des seins, ça elle savait, elle en avait deux. Enfin pour le moment.

Bon ça suffisait, ça la saoulait !

On ne va pas déprimer, se laisser mourir (pour l'instant) on va se prendre un bon café. Après tout, la vie est belle. Il faut y croire.

Fanny prit alors rendez-vous avec le chirurgien. L'opération était imminente. Elle devait rentrer à l'hôpital le lendemain soir.

Elle s'octroya la journée du lendemain pour faire quelques achats.

Elle appréciait porter des nuisettes sexy, transparentes, elle se voulait féminine. On était en décembre, on l'avait prévenue :

« Il vous faudra des bons gros chaussons pendant votre hospitalisation. »

Oui, mais il paraît qu'il fait souvent chaud dans les hôpitaux, comme dans les mouroirs ou ces maisons de repos lugubres, ces sanctuaires de la mort où on dépérit de déshydratation, de dépression, de solitude. Panique à bord ! Elle ne voulait pas non plus de chemises de nuit bien hautes jusqu'au cou, bien longues, bien larges, c'était pour l'achever. Elle qui ne faisait qu'un 36 ! Elle acheta des pyjamas, le problème était réglé. Elle passa sa soirée près de Loulou. Elle se sentait dépassée, déboussolée.

Après l'opération encore sous l'effet de l'anesthésie, Fanny mit instinctivement sa main sur son sein. Il était toujours là, peut-être un peu amoché mais toujours là, c'était l'essentiel. Elle fut interpellée par une douleur lancinante sous l'aine de son bras droit. Elle découvrit une cicatrice imposante douloureuse comme le redon qu'on lui avait placé dans le sein. Le plus dur était derrière elle, le chirurgien avait enlevé treize ganglions à analyser. Si un s'avérait positif, elle devrait subir une chimiothérapie.

Et les nodules alors ? Elle mélangeait tout. Fanny était tétanisée à l'idée de perdre ses cheveux. Pas les cheveux, non pas les cheveux ! Elle préférait supporter l'ablation d'un sein que de subir la chimiothérapie.

Fanny fut prise d'une euphorie incontrôlable, une façon peut-être d'extérioriser sa peur. Elle devait patienter dix jours pour les résultats. Elle décida alors de s'habiller, de se laver les cheveux, de se maquiller. Envahie subitement de fou-rires avec sa voisine de chambre, les nerfs de Fanny étaient-ils en train de lâcher ?

Ne passant pas inaperçue, le médecin lui fit remarquer qu'elle n'était pas au Club Med. Vous êtes dans un hôpital ici. Fanny perturbait la tranquillité des autres malades. Son comportement et sa spontanéité importunait le médecin en chef.

Bon ! On va devoir s'adapter. Faire un effort. Mais quand même, manger tous les soirs ces deux tartines, une au jambon ou une au fromage. Était-ce en fonction des jours pairs ou impairs ?

Elle placarda sur la porte de sa chambre un carton et écrivit : « Plus de tartines s'il vous plaît, j'en ai marre de vos tartines jambon, fromage, jambon ». Elle demanda à Loulou de lui apporter des plats plus raffinés.

En plein désarroi, elle décida de devenir plus combative et fit alors son introspection. Elle se parlait à elle-même :

« Vous déprimez ? Allons secouez-vous, ça va aller. Un petit remontant ? »

« Vous respirez la bonne humeur, c'est essentiel pour récupérer. Mais surtout ne soyez pas trop exaltée ! Alors quoi faire, comment faire, rien n'est bon ? »

« Ras-le-bol à la fin... Je les emmerde. »

« Je n'ai plus qu'à leur demander d'établir un mode d'emploi pour chaque patient en fonction de l'âge, du sexe, de la gravité des symptômes, de l'humeur, un code quoi ! Comme pour les stades, grades, nodules... ou faites-nous un cours de comportementalisme avant l'admission de chacun. »

On l'accusa de prendre des euphorisants. Elle se fâchât avec le médecin. Il voulait la remballer chez elle, il ne voulait plus la voir en consultation. Elle non plus ! Elle apprit qu'elle avait échappé de justesse à la chimiothérapie, juste trois mois de radiothérapie suffirait.

Fanny n'eut jamais de récidive. Sa voisine de chambre décéda endéans les trois ans d'une métastase au poumon. Elle n'avait pourtant eu au départ comme Fanny qu'une petite tumeur au sein.

Quand le destin s'acharne. Pourquoi elle ? Pourquoi pas Fanny ?

Merci la Vie...

Aussi sombre que les ténèbres

Ce 3 mai 2003, Fanny et Loulou partirent tôt le matin et s'arrêtèrent sur l'autoroute pour prendre un café. Loulou, taciturne, complètement absent, se plaignait de crampes aux jambes.

La vieille, il avait passé son après-midi à payer les factures sur lesquelles il avait écrit, comme à son habitude, « Payé le ... ». Fanny se sentait alors rassurée et rangeait la liasse des preuves de payements dans son tiroir qu'elle refermait aussi vite qu'elle l'avait ouvert.

Elle tomba par inadvertance sur un courrier intitulé « mise en demeure », le montant à payer était exorbitant.

Cette insécurité dans laquelle il la plongeait depuis des années devenait sempiternelle. De colère, elle jeta le papier à la corbeille.

Elle se demanda comment Loulou en était arrivé là. Il avait pourtant eu toutes les pièces du puzzle en main pour réussir mais il n'avait jamais su les assembler.

Elle s'était accommodée ces derniers mois à ce mode de vie qu'il lui imposait mais qui ne correspondait plus en rien à ses attentes. Elle avait été pourtant persuadée que son amour pour lui était infrangible. Elle avait du mal à accepter l'inacceptable qui hélas était une évidence. Elle vivait désormais sa vie en parallèle de lui et plus à travers lui. Elle était lassée, sa passion s'effilochait.

Elle repartit dans ses pensées...

La Jeep, dont elle connaissait même le numéro de plaque.

Cette Jeep noire, noire comme un destin irréversible.

La Jeep de l'huissier !

Loulou était endetté, même surendetté. Fanny était suffisamment perspicace pour deviner qu'il ne voulait pas lui faire partager le désarroi dans lequel il vivait, il ne voulait pas l'inquiéter, il pensait la protéger.

Il l'aimait trop, il pouvait perdre tout, mais pas la perdre elle.

Il était conscient qu'il était fort tard mais il ne s'imagina jamais qu'il était face à un abîme dans lequel il alla se plonger « lui » au point de ne plus pouvoir se relever.

Fanny était venue se recueillir quelques instants dans l'appartement de sa mère.

« Votre mère est décédée et rapatriée de Tunisie ».

Elle avait écouté ce message laissé sur son répondeur quelques jours auparavant, son index repoussant inlassablement le bouton « replay ».

Elle murmurait dans un soupir « ma mère est morte ».

Elle n'éprouvait pas de tristesse, plutôt un soulagement. Sa mère était morte au soleil sans souffrance et soudainement d'une attaque cérébrale. Elle n'imaginait pas sa maman vieillir dans un home morbide, se déglinguer au fil du temps comme une assistée, mentalement ou physiquement dépendante.

Fanny voulait mourir âgée comme sa mère au soleil et dignement.

Elle regrettait de ne pas avoir pu partager quelques moments de tendresse avec elle avant sa mort.

C'était trop tard. Son affliction la déboussola étrangement. Une chose lui parue soudainement évidente, sa mère et elle avaient probablement eu un parcours de vie similaire, parsemé d'épreuves et de brisures dont elle n'avait jamais eu conscience auparavant.

Elle ne se sentait nullement responsable, de rien. Elle en était convaincue mais en resta troublée.

À peine arrivée chez sa mère, elle fût prise soudainement d'un mal-être inexplicable. Elle arpentait l'appartement de long en large, rien n'avait changé, tout était à sa place, intact. Elle ne trouva pourtant aucun album de famille, aucun souvenir de son enfance. Il ne restait rien, le néant.

Elle se murmurait à elle-même :

Pourquoi suis-je venue ici aujourd'hui ? Je n'ai pas été voir ma maman depuis près de deux ans. Alors pourquoi suis-je allée voir instinctivement mes parents la veille de Noël ?

La dernière fois qu'elle avait vu sa mère et son père ensemble, elle était arrivée chez eux à l'improviste, ils se déchiraient dans un chaos indescriptible.

Choquée, elle avait claqué la porte.

Elle n'avait pourtant jamais vu ses parents se disputer auparavant ni même assister à des scènes violentes comme son frère Patrick l'écrivit de façon indécente dans son livre :

Pas d'entente possible, ils s'engueulent, se détestent, poussent des cris. Ils sont prêts à se battre. Ils en viennent aux mains. Les portes claquent dans l'appartement, une cage à fauves, ils sont prêts à s'entretuer, ils s'envoient des noms d'oiseaux à la tête. Ils prennent leurs repas séparés, sa mère se voit verser du white-spirit ou de la mort-aux-rats dans le café de son mari ! Les insultes fusent avec violence sans retenue. Mollasson, pétasse, cocu, morue, salope, médiocre... Ils s'envoient la vaisselle et les couverts à la figure. Vos gueules, taisez-vous, fermez-la !

Fanny était outragée de lire une nouvelle fois ce déballage médiatique qui concernait l'après décès de ses parents. Tout, c'est ainsi qu'elle le ressentait, n'était que mensonge, délire, diffamation. À sa grande affliction, Fanny n'aurait jamais imaginé que ses parents divorceraient après 51 ans de mariage.

Ce même jour, vers treize heures, Fanny reprit ses esprits et se demanda subitement pourquoi Loulou n'était pas encore revenu des toilettes. Il devait aller dîner avec sa sœur. Ne le voyant pas revenir, elle ouvrit machinalement la porte des toilettes et réalisa l'horreur.

Loulou, méconnaissable, ne pouvait plus articuler une syllabe, bougeant par saccades, hébété comme un pantin lui souriait bêtement. Instantanément, il était devenu comme un légume, un fantoche désarticulé, terrassé par un AVC.

Elle appela les urgences. Il fut aussitôt transporté à l'hôpital.

Fanny resta un long moment au milieu du salon, seule, atrocement seule, dans cet appartement qui lui fit soudainement horreur.

Des flashs s'entrechoquaient dans sa tête.

Loulou n'était jamais venu chez sa mère. Pourquoi avait-il fait une attaque chez elle ? Avait-il été frappé par une force maléfique ?

Fanny délirait-elle ?

Des gouttes de sueur perlaient le long de ses tempes, l'atmosphère semblait étouffante où était-ce elle qui suffoquait ?

Elle se mit à pleurer à chaudes larmes, tremblait de tout son corps, ses dents claquaient ...

Elle reprit soudain ses esprits, appela un taxi et partit le rejoindre à l'hôpital.

Sa mémoire vagabondait, elle entendit une voix lui répéter inlassablement :

– *Mais ma pauvre dame, vos cartes sont noires, votre avenir noir, plus noir que les ténèbres.*

La voyante recommença à retourner les cartes... N'importe laquelle, au hasard... Aucune lueur d'espoir.

Fanny ne divaguait pas... Elle avait bien été la consulter quelques semaines plus tôt.

À l'hôpital, aux soins intensifs, Loulou était méconnaissable, statique, immobile comme une momie, la bouche figée, presque dans un état végétatif.

Horrifiée, elle voulait s'enfuir, hurler sa détresse.

Allait-elle aussi mourir, mourir de chagrin ou disparaître pour revivre une autre vie, meilleure, différente, ailleurs ?

De retour chez elle, elle finit par s'assoupir épuisée. Elle prit alors conscience qu'elle devait continuer à vivre pour ses enfants et s'endormit.

Elle savait instinctivement que son chagrin s'apaiserait peut-être avec le temps, beaucoup de temps, qu'il deviendrait plus diffus, moins vif et un jour peut-être inexistant.

Fanny était envahie par une sensation de solitude intense due à la soudaineté de ce drame. Cette situation calamiteuse la submergeait de vagues gigantesques et de perdition comme un poids écrasant lui ôtant toutes ses forces.

Mars 2020 – Et merde !

Après une nuit salvatrice pour ne pas dépérir, dégoûtée, asphyxiée, écœurée en découvrant le passage décrit par son frère sur l'AVC de son compagnon tout autant que le soi-disant dépouillement des vêtements de sa mère, Fanny scandalisée, livide sous l'impact de l'émotion reprit pourtant sa lecture.

Son frère, qui n'avait jamais rencontré son compagnon, ne connaissait rien du contexte, avait eu l'ignominie de décrire l'attaque de Loulou de façon arbitraire, calomnieuse. Pour elle, tout ce qu'il écrivait était indigeste.

Son ami informaticien qui a bon pied, bon œil pour emporter des objets (bijoux, colliers, bracelets...), ma sœur fait ses emplettes, vide les placards, fourre dans une valise les nippes, les fringues...

Vers 15h, le cerveau informatique, ordinateur des pompes funèbres se rend aux toilettes, ma sœur s'inquiète et se demande ce qu'il fout. Chie-t-il des crottes de biques ? Du caca d'oie ? Des pets de nonne ? Elle ouvre la porte, croyant à une farce, éclate de rire, se fend la poire, la pêche, la pipe, la tirelire, puis réalise l'horreur. Elle se retrouve face à son Jules assis sur la lunette des toilettes, terrassé et muet, les yeux béants, le corps bascule vers l'avant et le derrière en l'air. Hébété comme un débile, le pantalon retroussé sur les chevilles, incapable d'articuler une syllabe ni de faire un geste, foudroyé par une bourrasque maudite et maléfique, l'analyste surmené tout congestionné, poivron rouge ou piment vert...

Ma sœur a bon pied, bon œil, pour emporter des objets (bijoux, colliers, bracelets) des vêtements, comme ce manteau de cuir noir à col et revers de fourrure qu'elle portait des robes et des chemisiers,

pendus dans sa garde-robe comme de vieux rideaux bons pour le
chiffonnier. Ma sœur fait ses emplettes, vide les placards, fourre dans
une valise les nippes, fringues, frusques et tout le saint-frusquin.
Fanny n'avait plus de mot pour exprimer son désarroi.
Elle se demanda si l'auteur, son frère, Patrick Roegiers, avait
eu un semblant de compassion à l'égard de son compagnon
gravement handicapé ?

Elle préféra garder son opinion, sa tristesse pour elle mais
n'en restera pas là, ne pouvait accepter tout ce déballage
répugnant et ignoble. Elle aussi avait droit à sa version des
faits, à sa vérité.

Une telle tragédie personnelle et familiale dévoilée ainsi
au grand public sans le moindre tact et sans aucun respect
lui était insupportable, inacceptable.

L'harcèlement

Ce lundi 6 mai 2003, Fanny se leva en retard.

Elle avait passé une nuit cauchemardesque. Loulou était toujours à l'hôpital, aux soins intensifs entre la vie et la mort, suite à son AVC survenu trois jours auparavant. Elle savait juste qu'il était dans un état très grave, ses carotides étaient bouchées ce qui nécessitait une opération d'urgence, sinon il risquait de refaire une rechute fatale. Cela pouvait paraître paradoxal, l'opération était nécessaire, non sans risque, particulièrement délicate mais celle-ci pouvait engendrer son décès.

Fanny, anéantie par ce constat, se demanda comment elle allait pouvoir gérer cette situation dantesque.

Elle s'habilla en toute hâte et partit quand même travailler. Elle essaya de se concentrer toute la matinée mais en vain. Elle se disait que son patron comprendrait son angoisse.

Vers midi, il entra dans son bureau, le sourire éclatant et l'invita à déjeuner.

Interloquée, elle bafouilla :

– Mais Monsieur, vous pouvez comprendre, je n'ai nullement envie d'aller déjeuner vu le contexte dans lequel je me trouve.

Son patron s'en alla, pressé, offusqué de son refus, sans dire mot ni même demander des nouvelles de son compagnon.

Contrariée, abasourdie, Fanny remarqua un changement bizarre mais flagrant dans son comportement, lui qui d'habitude était si affable, l'avait regardée d'un air spécieux, désintéressé et hypocrite.

Désorientée, ses mains se mirent à trembler. Elle se demanda si elle était figurante dans une pièce de théâtre, un vaudeville ?

Elle ferma les yeux quelques instants pour essayer de se ressaisir.

Flash-back : 5 ans auparavant

En ce mois de juin paradisiaque la nature était en fête. Fanny passait une belle journée estivale dans son jardin avec ses enfants. Il faisait bon flâner, s'assoupir, rêver, oublier le temps qui passe. Elle se sentait enivrée par le parfum subtil des rosiers, des lavandes, éblouie par toutes ces couleurs cristallines et savourait cette tranquillité, cette sérénité qui lui était énergisante et revigorante. Elle avait enfin lâcher-prise, se sentait apaisée. Elle voulait faire un break, prendre un peu de temps pour elle, fatiguée du rythme effréné de son existence. Elle se remémorait toutes ces années auparavant durant lesquelles elle avait dû subir toutes ces galères, tous ces envois de curriculum vitae tous azimuts, tous ces contacts auprès d'agences d'intérim. Toutes ses demandes d'emploi étaient restées en stand-by, les interviews sans suite.

Elle n'avait d'autre choix, il fallait tout recommencer, tout reprendre à zéro. Et c'est reparti pour un tour, elle contacta les agences d'intérim et répondit à nouveau à toutes offres d'emploi qui pouvaient lui correspondre.

Son dossier était systématiquement glissé en dessous de la pile. Elle était trop vieille. Elle venait d'avoir 45 ans mais en paraissait 35.

Après une journée éprouvante, Fanny fulminait sur le chemin du retour, se sentait découragée, « mise au placard ».

Elle décida alors de se mettre elle-même en retrait, musarder, glander, paresser, flâner. Profiter, oui c'est ça, se disait-elle, profiter. C'était devenu son nouveau leitmotiv et qu'ils aillent tous au diable.

Ce vendredi-là, vers 16 heures, le téléphone sonna à nouveau. Une agence d'intérim avait déjà tenté d'appeler Fanny à plusieurs reprises depuis le matin.

De toute évidence, cela semblait très urgent. Un employeur cherchait désespérément une assistante de direction pour gérer sa société pendant ses absences répétées aux USA. Il cherchait une perle, ses exigences étaient très précises. La candidate devait posséder une maîtrise parfaite de l'anglais, une connaissance en informatique prouvée, devait être fiable et surtout bénéficier d'un sens de l'organisation exemplaire. Et c'était reparti.

Aurait-il lui aussi des exigences ou des réticences en fonction de l'âge du profil de sa perle ? Non, bonne nouvelle !

Le rendez-vous était déjà fixé : « aujourd'hui, 17 heures » lui dit la responsable de l'agence. Fanny ne voulait pas, ne voulait plus aller aux interviews.

Elle avait voulu gagner sa vie au risque de perdre à nouveau sa propre vie. Quel dilemme ! De plus, qui allait garder son fils encore enfant pendant les vacances de juillet et août ? Ce jour-là, sa fille trancha pour elle : *Maman, va au rendez-vous, une dernière fois.*

Fanny enfila à la hâte une robe légère en lin bleu azur, des chaussures découpées à talon. Bronzée, elle se trouva séduisante. En se préparant elle se répéta une phrase qu'elle avait retenue de Christian Dior : « *L'élégance est un tout, et ce qui ne se voit pas compte autant que ce qui se voit* ».

Lumineuse, elle eut un pressentiment, il allait se passer quelque chose d'étrange.

Elle roula longtemps dans la campagne verdoyante, perdue sur cette route déserte quand tout à coup elle s'arrêta.

Au loin, elle aperçut une sorte de ferme-château, isolée sur un coteau dominant le village avec ses tours qui datait vraisemblablement du 17ème siècle. Imposant, ce manoir ne la laissa pas indifférente.

La curiosité de Fanny était à son comble, intriguée, elle se demanda si elle n'avait pas fait fausse route

Ce manoir pourtant classé au patrimoine n'avait plus l'allure d'antan, visiblement plus entretenu, presque laissé à l'abandon comme si rien n'avait bougé depuis un siècle. Dès le seuil de la porte passé, tout paraissait lugubre, froid, le mobilier ancestral, vétuste, couvert de poussières dormantes.

Elle avait déjà l'impression d'être prisonnière, captive de ces murs, de leur histoire, de leurs drames ou de moments plus heureux, de lourds secrets ou de destinées imprévisibles.

Le domaine était à l'image de son propriétaire. Il conservait et entretenait avec véracité un caractère « vieille France », le bon catholique, le brave veuf qui se rendait chaque dimanche avec ses enfants à l'église du village saluant poliment toutes les perruches qui attendaient à la sortie de l'église. Le parfait bourgeois déjà d'un autre monde, de vécus complètement dépassés.

Lui, énigmatique, était plutôt bel homme, approchait la soixantaine, se voulait élégant mais flottait dans un costume complètement désuet et froissé. Il l'attendait avec une impatience évidente. Elle ne fut pas dérangée par sa complaisance exagérée.

Il était aimable, poli, serviable, bien éduqué, semblait généreux mais complètement perdu, voire paumé comme le village où il habitait.

À travers son visage ravagé, Fanny perçut qu'il avait dû être bel homme, séducteur, qu'il ne devait pas être indifférent au regard des femmes.

Fanny comprit, dès son arrivée, qu'il l'avait déjà engagée avant même de l'interviewer.

Sur le pas de la porte, radieux, il lui dit :

– Vous êtes parfaite, donc, n'oubliez pas demain, neuf heures, je vous attends…

Elle ne comprit rien aux explications de cet homme qui à partir du lendemain allait devenir son patron. Elle n'avait aucun attrait pour la métallurgie, ce domaine ne l'intéressait tout simplement pas. Elle n'avait aucune intention de rester à long terme mais tant qu'à faire, autant compenser, imposer ses horaires et le montant de son salaire. Fanny repartit à l'agence signer son contrat.

Finalement satisfaite, comblée, elle obtint ses horaires flexibles et le salaire exigé. Elle allait enfin retrouver une autonomie financière qui lui avait tellement manquée.

Son patron était irrémédiablement « assisté ». Il avait développé un brevet aux USA dans la recherche et les applications spécifiques dans le domaine de la métallurgie mais ses compétences s'arrêtaient là. Il était tellement brouillon que la pauvre Fanny ne comprit jamais en quoi consista son travail et renonça après quelques semaines à lui poser des questions qui restaient toujours sans réponse. Il passait des heures à expliquer ses essais de recherche, de développement.

Il était tellement bordélique qu'elle n'écoutait plus, ne le voyait même plus, pourtant assis en face d'elle à la dévisager.

Il se plantait régulièrement avec son PC, elle arrivait alors à toute allure le dépanner. D'un œil inquisiteur, il la regardait à nouveau de la tête aux pieds pour oser lui demanda un jour :

– Vous avez combien de tenues vestimentaires ?

– Vous changez tous les jours comme ça ?

Elle ne répondit pas.

Il était distrait, balourd et n'avait ni l'image ni la carrure d'un chef d'entreprise. Certains jours, il disparaissait dès dix heures du matin, inopinément, comme absent, drogué aux médicaments ou euphorique à chaque fois après avoir vidé sa bouteille de vin.

Durant plus de 5 ans, Fanny connut pourtant ce qu'elle qualifiait « les années prospères ». Son patron lui délégua toutes les tâches, les responsabilités de la société. Il répondait inlassablement :

– Ma secrétaire gère et sait tout, moi je ne m'occupe de rien.

Il s'en remettait à ses conseils, il lui avait accordé toute sa confiance. Cela l'arrangeait bien, semblait-il, il pouvait enfin comme un enfant gâté se consacrer à ses recherches qui n'aboutissaient que rarement.

Il était de plus en plus souvent absent pour n'importe quel prétexte.

Fanny adorait manager, organiser, gérer. Elle était autonome, elle pouvait exister et se valoriser.

Il s'amusait à lui répéter :

– Ma secrétaire est parfaite mais pas abordable...

Ou encore :

– Madame, nous sommes riches, regardez combien nous avons sur le compte.

Il confondait tout !

Son patron avait sur son compte, pas elle.

Il faisait un amalgame des intérêts de l'un et de l'autre et la confusion n'était pas à l'avantage de Fanny.

La société était florissante et la gestion parfaite, les bénéfices prolifiques. La générosité de son patron était à l'échelle de ses contrats. Il versa, à diverses reprises, des compléments de salaire à Fanny qui partit avec son complément de salaire une semaine au Touquet dans un centre de balnéothérapie.

Avait-il peur qu'elle soit surmenée ou la perdre ou encore avait-il d'autres intentions plus personnelles ? Il l'avait accompagnée pendant ce séjour, lui avait réservé une chambre à l'hôtel. Pour sa part, il occupait une suite avec ses enfants. Plusieurs fois avec insistance il avait sollicité Fanny pour qu'elle l'accompagne au restaurant. Elle n'y avait pas réservé une suite favorable.

L'anéantissement

Depuis qu'elle avait refusé ce déjeuner, Fanny vécut une descente aux enfers inéluctable. Son patron avait appris que son compagnon avait eu une attaque cérébrale et qu'il serait handicapé à vie. Le moment était propice, il ne lui faisait pas la cour, il commença à la harceler. Elle rejeta catégoriquement toutes ces avances.

Il décida alors de se venger, la réduire à néant et l'annihiler. Il devenait jour après jour de plus en plus pressant, l'obligea à changer de bureau, l'évinça des réunions, changea le code d'accès pour les payements et engagea pour achever son projet machiavélique un « homme à tout faire » pour la remplacer.

Pendant son absence, il fouillait dans ses dossiers allant jusqu'à supprimer ses mails professionnels.

Son obsession était telle qu'il se permettait pourtant de conserver une copie des courriers personnels et intimes de Fanny. Son obstination à lui faire du mal, sa dureté, devenaient effrayantes et dérangeantes. Il était méprisant, acariâtre et acerbe. À l'entendre, elle n'était plus bonne à rien, même pas pour être téléphoniste. Il lui répétait qu'elle était irrémédiablement bonne à rien.

Devenu un véritable goujat, il inventa alors un motif futile et fallacieux pour la virer. Elle fut licenciée pour motif grave, lui reprocha d'avoir signé un chèque pour réception de chèques-repas sans son aval malgré qu'il lui avait accordé cette autorisation depuis son engagement. Elle n'avait aucun moyen de justifier sa bonne foi.

Un matin, elle ne fut plus autorisée à franchir le seuil de la porte et dut remettre les clés du bureau.

Elle était foutue à la porte. Oui, foutue à la porte. Son conjoint était toujours dans un centre de revalidation et ne savait plus faire la différence entre une pomme et une poire. Son langage était incohérent et incompréhensible. Il avait peine à s'exprimer suite aux séquelles de sa paralysie faciale.

Totalement acculée, elle se demanda alors comment encore tenir debout et que faire ? Ce cirque, cet enfer, avait duré plus de six mois. Elle se souvenait que certains jours elle avait trouvé des bouteilles d'huile d'argan sur son bureau. Il demandait d'être massé, caressé.

Fanny, déprimée et affadie, frisait la folie.

En dernier recours, elle se rendit à la police, poussa la porte.

– Je viens déposer plainte pour harcèlement contre mon employeur.

Elle n'avait plus rien, plus d'emploi, plus de revenus même pas de quoi rembourser les emprunts hypothécaires. Pour assurer son quotidien, celui de son fils et supporter les charges les plus rudimentaires, essentielles, elle dut vendre sa voiture.

Il lui restait un peu de dignité. « On ne se réinvente pas, on fait preuve de résilience » (dixit Philippe Etchebest).

Quelques mois plus tard, elle apprit que la société avait fait faillite. Quant à son patron, il mourût quelques mois plus tard. Fanny ne se rendit pas à l'enterrement. C'était trop dur, elle failli craquer. Tout ce qu'il lui avait fait subir resurgit, la dévorait à nouveau de l'intérieur.

Il laissa trois petites filles orphelines à jamais. Elle eut de la peine pour ses pauvres enfants en apprenant cette nouvelle.

L'introspection

Après sa déposition à la police, Fanny rentra sans attendre chez elle. Il n'était que neuf heures du matin, sa journée était déjà achevée.

Elle se répétait inlassablement :

« *Foutue à la porte* », « *Foutue à la porte comme une merde* ».

Je ne suis même pas autorisée à prendre mes effets personnels dans mon bureau.

Je suis convaincue que je serai exclue à jamais de ce monde du travail, je n'en fais plus partie. De toute façon je n'en veux plus.

Allez tous vous faire foutre !

Je vais me contenter d'une tasse de café, allumer cigarette sur cigarette ce qui n'est nullement dans mes habitudes.

Je m'en fous, j'en ai besoin. Je me sens nerveuse, furieuse et mutilée.

Elle continua à ruminer à mi-voix :

C'est sa parole contre la mienne. On verra bien ce que me réserve l'avenir …

Une enquête ? Quand ? Un procès ? Une condamnation ?

Le mal est fait, même si plus tard j'ai gain de cause. On ne répare pas l'irréparable. Une somme d'argent, même conséquente, ne compense pas les calomnies.

Le temps s'égrenait. Elle en avait eu assez de prévoir, d'organiser, planifier. Et à présent, que faire, comment faire ?

Gagner sa vie au risque de perdre la sienne ?

Elle décida de faire face à son désarroi, ses pensées étaient plus positives :

Cela ne m'arrivera jamais, la vie est imprévisible, tout peut arriver même ce que l'on n'aurait jamais imaginé. Après tout il faut garder espoir.

« L'espoir, c'est comme un phare dans l'obscurité » (Vincent Thomas Rey).

Fanny ne voulait pas rester moisir, se morfondre, stagner. Pourtant toute la journée, elle erra dans sa maison en proie à une nervosité compulsive sachant qu'elle devait faire quelque chose mais était incapable de déterminer quoi.

Elle rêvait d'un-elle-ne-sait-quoi de vie, submergée par ses propres émotions.

Elle n'avait pas de projets, envolées ses illusions.

Voilà où elle en était !

Une femme qui laissait simplement la vie décider pour elle.

Elle se sentait à nouveau subitement agitée, angoissée.

Il régnait dans sa maison un sentiment de solitude.

Était-elle devenue abandonnique ?

Fanny ne voulait plus de tous ces événements paralysants qu'elle vivait année après année à se souhaiter inexorablement des années plus belles.

Elle s'empêchait d'avoir cette envie d'aller de l'avant.

Une poursuite, une course du bonheur désespérée qu'elle essayait d'atteindre inlassablement.

Elle avait l'impression d'être quelqu'un à part.

Son esprit s'égara dans une sorte de confusion.

Combien de temps allait-elle rester prostrée sur sa chaise ?

Au fil des heures, elle ne faisait que s'effrayer elle-même.

Elle avait été pourtant toute sa vie une femme qui n'agissait qu'avec sa tête, avec prudence.

Elle recommença à marmonner :

Je fais ce que je peux. Je fais ce que je dois. J'aurai peut-être ce que je veux... Voilà où j'en suis, Voilà où j'en suis...

Désespérée elle éclata en sanglots, ne parvenait plus à se maîtriser.

Son parcours professionnel lui parut soudainement lointain.

Il ne l'intéressait plus, pire que s'il n'avait jamais existé.

Submergée par une mélancolie irrationnelle, elle décida d'aller se coucher.

Lorsqu'elle se leva le lendemain matin, elle se sentit ankylosée, avait froid, sa tête était lourde comme si elle n'arrivait pas à se réveiller d'un horrible cauchemar.

Elle croisa son visage dans la glace. Elle n'était plus que le fantôme d'elle-même.

Ses cernes soulignaient ses yeux qui avaient perdu de tout leur éclat. Elle fut horrifiée de voir ce reflet d'elle-même.

Soudainement, Fanny sortit de sa torpeur et se métamorphosa.

– *Ce licenciement est une bénédiction*, se dit-elle.

Elle écoutait son cœur, ses propres impulsions, se sentait en état d'urgence, retrouvait son pragmatisme, sa réactivité.

Fanny prenait enfin du recul, cette faculté innée qui la caractérisait de profiter d'occurrences inattendues pour rebondir.

Elle ne voulait pas subir sa vie, tomber même dans une sorte d'atavisme dont elle avait peut-être hérité.

Avait-elle été dès sa naissance affiliée à cette entreprise qui anéantissait tout sur son passage ? Peut-être un sort maléfique à nouveau présent dans sa vie ?

Elle ressentit des frissons, s'inquiéta, se dit :

– La vie serait-elle un bien perdu quand on ne l'a pas vécue comme on aurait voulu la vivre ?

Instinctivement, Fanny prit son téléphone et contacta une psychologue.

– C'est urgent, très urgent, dit-elle.

Elle fut intercalée en priorité. Toutes ces pauvres âmes qui attendaient leur consultation chaque semaine ou chaque mois pour les moins atteintes, évacuer leur trop-plein, leur mal-être, soulager leurs neurones qui disjonctaient. Ce n'était pourtant pas de la mauvaise volonté. Il fallait changer le mécanisme de fonctionnement ou tout tester : « loi d'attraction, pensée positive, gestion de la pensée, relaxation, yoga, magnétisme, vibrations ». Épuisées d'avoir essayé, elles avaient fini par atterrir chez le psy, le confident, le sauveur.

– Alors, vous vous sentez mieux ? Plus calme, plus détendue ?

– Les antidépresseurs commencent-ils à agir ? On reste au même traitement ? Les mêmes doses ? On se revoit la semaine prochaine ou d'ici 15 jours. Et surtout n'arrêtez pas subitement, c'est la descente en enfer assurée, même le suicide.

Faut bien suivre le traitement, le médecin l'a dit.

Ah, si le médecin l'a dit. Suivons bien la posologie, et ne sautons pas un jour.

Fanny voulait juste un « certificat médical ».

Inscrivez dessus un motif, « virée pour faute grave » ça vaut bien un « motif sérieux »

Oh ! Mettez ce qu'il vous plaira :

« Burn-out, dépression, ras-le-bol, surmenage, pétage de plombs, neurasthénie » et dans ce stress ne pas oublier les antidépresseurs.

On est plus à ça près !

Et si on balayait tout. Un lavage de cerveau, une remise à neuf complète.

Inscrivez aussi sur la fiche à compléter :

« Fanny, Tilouli, Puce » au lieu de « Eveline, Christiane, Jacqueline » ça fait plus cool, plus gai sinon on va déprimer, devoir revenir comme ces pauvres âmes chaque semaine, faire leur monologue...

Oh non, oh non, pas elle, pas Fanny.

Dans la case « remarques », complétez s'il vous plaît « marginale, sans profession » surtout pas secrétaire de direction, par pitié.

Rechangez le motif sur le certificat. À la place de « neurasthénique » mettez quand même « pétage de plombs, disjoncteur à remplacer ».

Fanny sortit soulagée, mit à la poubelle l'ordonnance d'anti-dépresseurs, alla faire une copie de son certificat (à ne pas perdre) le posta en recommandé. Elle avait gagné sa survie.

Quelques semaines plus tard, Fanny était convoquée chez le médecin-conseil. Elle n'aimait pas ça.

– Ce n'est qu'une visite de contrôle, se dit-elle.

Elle enfila un vieux jeans, un T-shirt discret, maquillage insignifiant, cheveux ébouriffés... ce sera bien. Un air dépité, abattu... Ce sera parfait !

– Et vous, ma charmante petite dame, que vous est-il arrivé ?

Fanny expliquait, elle ne s'était même pas rendu compte qu'il s'était levé, était devant elle, contre elle, caressait ses joues, passa ensuite ses mains dans sa nuque, lui demanda son numéro de téléphone d'une voix suave...

« Tu donnes ton tél, tu es morte », se dit-elle.

« Tu ne donnes pas ton tél, tu es deux fois morte ».

Alors quoi ? Déposer plainte ?

Elle était déjà en procès pour harcèlement contre son employeur. Elle se releva plusieurs fois pendant la nuit. Elle revivait la scène.

Devenait-elle paranoïaque ? Devait-elle aussi aller chez le psy demander des pilules miracles ?

Elle ouvrit son PC. On dit quoi ? Parancia ? Folie ? Délirium ? Maladie basée sur des délires de persécution auquel le malade adhère complètement (Oh, Mon Dieu) mais n'altérant pas les capacités intellectuelles (c'est déjà ça).

PAS de délires, pas folle, pas d'antécédents génétiques.

Elle continua sa lecture :

Manque de dopamine ? (Si ce n'est que ça)

Fallait-il aller chez la psy pour obtenir la dopamine ?

Elle lut en bas de l'article... causes : terrain génétique, enfance.

Elle prit peur. De quoi ? De qui ?

Cette nuit-là, elle crut devenir folle.

Quelques jours plus tard, Fanny fut informée par téléphone que le médecin-conseil avait été mis à la porte.

Plusieurs patientes auraient déposé plainte pour harcèlement.

Et voilà ! Encore un. Un de plus

Ça n'en finira donc jamais.

Merci chères patientes, je vous aime, vous m'avez sauvée.

Fanny retrouva le sommeil et ne fut plus jamais convoquée.

En attendant, elle était désespérément seule et pour unique compagne sa solitude de plus en plus pesante.

La rencontre improbable

Il faisait une chaleur suffocante cette après-midi de juillet 2004. Agacée, Fanny devait tout gérer, et surtout s'occuper de Loulou rentré à la maison après dix mois de revalidation. Il ne comprenait plus rien, elle non plus d'ailleurs. Il parvenait juste à articuler quelques mots quand il était calme. Le handicap de Loulou l'épuisait. Il avait perdu toute son autonomie. La présence de Fanny était devenue indispensable au quotidien.

Elle n'osait plus croiser les gens ou disons plutôt les gens n'osaient plus la croiser. Elle faisait peur à ces braves personnes qui étaient d'une indifférence dédaigneuse.

Hélas, le handicap fait peur. Courage, fuyons !

Elle essayait de survivre dans cette situation pathétique. Elle devait vendre la maison, ne savait plus rembourser les prêts. Toutes ses économies s'étaient envolées.

Où allait-elle vivre ? Elle ne savait pas, elle ne savait plus rien.

Elle s'était décidée à mettre sa maison en vente, pourtant la seule chose qui lui restait pour se rassurer, garder un semblant de repères.

Certains jours, elle ne voulait plus vendre. Elle changeait d'avis comme une girouette mais avait-elle le choix ?

Et cette commission d'agence qu'il faudra payer. Elle n'avait plus un sou, tout s'embrouillait. Comment allait-elle se rétracter ? Elle perdait pied.

« Il existe deux choses qui empêchent une personne de réaliser ses rêves : croire qu'ils sont irréalisables, ou bien, quand la roue

du destin tourne à l'improviste, les voir se changer en possible au moment où l'on s'y attend le moins (Paulo Coelho). »

Elle s'arrêta machinalement sans réfléchir devant l'agence, laissant Loulou dans la voiture se décomposer comme un légume et demanda à parler à la responsable qui n'était pas là. Elle tomba face à un homme qu'elle ne connaissait pas mais qui écouta avec une certaine curiosité son récit pathétique. Il lui arracha son papier instantanément, apposa sa signature pour signifier que tout était en ordre, le mandat de vente renoncé à effet immédiat, sans aucune pénalité ou indemnité.

Un geste totalement inhabituel. Manifestement, son interlocuteur avait été touché, ému, par la situation délicate et précaire dans laquelle Fanny se trouvait.

Elle sortit à toute vitesse de l'agence pour s'assurer que Loulou survivait sous la chaleur accablante. Elle était stupéfaite, complètement ahurie de la réaction de cet homme.

Sur le chemin du retour, elle retrouva une liesse qu'elle ne se connaissait plus. Fanny était ailleurs, se sentait euphorique, illuminée. Après avoir repris son contrat, elle avait osé bégayer :

– Je ne sais pas comment vous remercier. Un petit café si ça vous dit… à l'occasion ?

Elle avait apprécié l'altruisme et le charme qui se dégageait de cet homme. Elle était troublée. Cet inconnu lui avait plu dès le premier regard.

Était-ce un coup de foudre ? Et cette attirance physique ?

Elle se fit une fois de plus le reproche d'être trop réceptive à l'apparence des gens, surtout des hommes. Elle ne pouvait comparer ce qu'elle osait appeler un coup de foudre à la relation amoureuse qu'elle avait entretenue avec Loulou pendant près de vingt ans.

De retour à la maison, elle fut à nouveau envahie par une lassitude.

Loulou, avachi dans le fauteuil, regardait son feuilleton ridicule.

Fanny était passée au rang d'aide-soignante, infirmière, femme de ménage, esclave, elle n'avait plus rien d'une épouse.

Le téléphone sonna :

– Vous me reconnaissez ?

L'homme de l'agence. Intriguée, elle se sentit à nouveau en effervescence. Il parlait avec éloquence. Séduite, presque fascinée, elle l'écoutait sans l'interrompre.

Loulou lui demanda alors :

– C'est qui, c'est quoi ?

– Rien, une erreur, murmura-t-elle évasivement.

Qu'est-ce qui m'arrive ? Un coup de foudre foudroyant ?

En raccrochant, elle trouva que ce Jimmy avait beaucoup d'esprit mais que son débit de paroles était de toute évidence trop prolixe.

Il ne lui donna pas son prénom. Juste un surnom : Jimmy.

Loulou avait fait sa thrombose un 3 mai. Jimmy était né un 3 mai ! Elle l'apprit bien plus tard. Peut-être juste une coïncidence ?

Ou peut-être ce que l'on appelle « des destins croisés ».

Rien n'arrive par hasard dans la vie. Les événements qu'ils soient joyeux ou malheureux, nos choix, guidés par le destin, et davantage encore les rencontres. Certaines entrent ou n'entrent pas dans notre vie.

Fanny allait-elle partager une relation avec Jimmy pour quelques mois ou toute la vie ? Ou allait-elle le fuir ?

L'Estaminet

Les semaines qui suivirent l'appel de Jimmy, le monde avait cessé d'exister autour d'elle. Fanny s'en voulait, se demandait pourquoi un homme de sa qualité s'intéresserait à elle. De toute évidence, il avait deviné la situation qu'elle subissait. De plus, il était surement marié.

Il l'appela à plusieurs reprises. Il lui fixait à chaque fois rendez-vous et annulait au dernier moment.

– Mais quel mufle celui-là, se disait-elle.

Décidément, Fanny n'était pas prête de se réconcilier avec le bonheur. Son engouement se transformait à chaque fois en déception. Elle se répétait qu'elle était complètement folle de se mettre dans de tels états. Cela faisait trois fois qu'il annulait pour « raisons familiales ». À chaque fois, elle se rendait au rendez-vous, attendait et rentrait chez elle désabusée pour retrouver Loulou toujours avachi dans son fauteuil.

Ce 20 août 2004, c'était l'anniversaire de sa fille. Fanny roulait en voiture. Elle ne pouvait décrocher son GSM. Quelqu'un avait laissé un message. Elle pensa inéluctablement à sa fille. Elle écouta le message et reconnu la voix de Jimmy. Un message interminable, à certains moments inaudibles. Dans toutes ses contradictions qu'il marmonnait elle avait juste capté qu'il l'attendait à 13 heures précises au caboulot de la gare. Il venait soi-disant de vendre un château. Sa commission était importante. Elle saturait de l'écouter. Par moment, il murmurait entre ses dents, d'une façon confuse.

Cette fois-ci, elle n'irait pas au rendez-vous. Trop de fois annulées de sa part. Pour qui se prenait-il ?

Elle rentra chez elle mais se sentit incapable de continuer le jardinage commencé le matin. Subitement, sans réfléchir elle se changea, remonta dans sa voiture et alla le rejoindre.

À peine arrivée, elle l'aperçut. Il était là. Il était venu. Accoudé au bar, ce n'était visiblement pas un café qu'il était en train de boire.

– Déçue ? lui dit-il.

– Non pas du tout.

Elle le regardait, n'avait d'yeux que pour lui. Incapable de lui sourire, elle s'en voulait de s'enflammer comme une midinette.

Sa volubilité exerçait à nouveau sur elle une sorte de fascination capiteuse.

L'après-midi passa vite comme les verres qu'il vidait.

Elle se sentait enivrée (pour lui c'était le cas de le dire). Au fil des heures qu'elle ne comptait plus, la loquacité, le débit de Jimmy devenait peu à peu incompréhensible. Son éloquence s'envolait. Elle l'emmena alors au restaurant chinois d'à côté. Au moment de payer, une liasse de billets, tous aussi chiffonnés les uns que les autres, tombèrent de sa poche. À quatre pattes sous la table, il se mit à les ramasser péniblement. Jimmy était saoul !

Un peu d'air frais ferait du bien, pensa-t-elle.

– Tu es sûr de pouvoir rentrer et conduire ? Tu bois souvent comme ça ?

– Non jamais, bredouilla-t-il.

Elle ne savait pas ce qu'il fêtait.

Dès son réveil, Fanny ne put s'empêcher de lui téléphoner.

– Tu es bien rentré ?

– Oui mais j'ai eu un sinistre avec mon Alfa. J'ai passé la nuit à l'hôpital. On m'a recousu le front sans m'endormir mais tout va bien.

Il semblait détaché, désinvolte, nullement tracassé.

Ah oui, il semble qu'avec celui-là tout va toujours bien en effet.

Elle ne pensait qu'à le rejoindre, acheta à sa demande, une bouteille de vin, un paquet de cigarettes (ça semblait vital), du pain et de la charcuterie.

Maisoncelles

Elle arriva enfin à Maisoncelles, ce lieu-dit où il habitait. Il l'accueillit avec détachement. Elle attribua son attitude à la fatigue.

Dès le premier regard, Fanny se sentit mal à l'aise et se demanda s'il ne valait pas mieux rentrer chez elle. Remplie d'une émotion insoutenable, figée, glacée, elle n'osait pas croiser son regard.

Elle eut vite l'impression que cette maison était le reflet d'une personnalité mystérieuse et imperceptible. Une ancienne fermette restaurée mais sans plus d'entretien.

Tous ces vieux meubles de famille, ces parquets qui craquaient, ces tapis usés, ces fenêtres sans tenture.

Elle fut troublée par un laisser-aller indéfinissable. Les plombs sautaient continuellement, le lave-vaisselle était en panne, le frigo vide, le lit sans draps, quelques couvertures traînaient à même le sol.

Intriguée, elle soupa seule. Lui, n'ayant pas faim, cuvait sa bouteille de vin. Elle se contenta de boire l'eau du robinet.

Il était parti dans ses délires enjoués, les plus fous. C'était l'endroit idéal pour faire des gîtes, savait tout faire de ses mains, était dans l'immobilier, avait plein de projets. Il n'écoutait que sa propre voix. Il avait allumé un feu de bois dans cette immense cheminée ancienne en pierre de bourgogne. L'atmosphère était particulière, étrange.

Fanny était assise par terre, en tailleur, les jambes croisées, son T-shirt vert pomme tombait délicatement sur ses épaules dénudées, sa jupe à fleur la rendait luminescente. Il ne sembla pourtant n'y prêter aucune attention. Elle sursauta soudain quand il lui dit d'un air ténébreux :

– Et nous Fanny, qu'allons-nous devenir tous les deux ?

Son charme exerça à nouveau sur elle une fascination qu'elle arrivait difficilement à gérer. Elle était là devant lui à l'idéaliser. Une espèce de folie s'était emparée d'elle et ne la lâchait plus. Elle se sentait foudroyée par cette rencontre.

Elle partit alors dans ses propres délires. On va gérer des gîtes, vivre ailleurs, au soleil, ensemble, un jour. Elle rêvait de dépaysement, d'une vie rocambolesque mais où ? Avec lui ? Peut-être ?

Elle alla à la cuisine reprendre un verre d'eau. La poubelle débordait. Il n'a pas une femme de ménage pour ranger ce foutoir, se dit-elle.

Elle n'osa pas poser de questions et se demanda, après qu'elle l'eut appris, pourquoi sa femme avait quitté cet homme qu'elle trouvait hors du commun.

Paniquée, elle vit qu'il faisait nuit. Elle ne savait plus conduire dans le noir. Embarrassée, elle lui fit part de son angoisse. Fanny avait fait quelques mois auparavant un blocage sur l'autoroute. Croyant à une hypoglycémie passagère, elle s'était garée le long de la route et avala un chocolat. Son fils à ses côtés s'énervait. Fanny se sentait en stress et reprit pourtant la route. Son pied ne parvenait plus à pousser sur la pédale d'accélérateur. La route, le noir lui faisait peur. Elle se rendit à l'évidence. Elle n'était plus capable de conduire de longues distances, passer des ponts. Tous ces événements successifs étaient-ils en train de la déboussoler ?

Il lui installa un matelas à côté de son lit. À peine Jimmy endormi, elle déposa un baiser discret sur ses lèvres, sommeilla à son tour n'ayant déjà plus conscience qu'elle lui avait pris la main pendant la nuit.

Le lendemain, ils flânèrent toute la journée. Elle emporta quelques pots en terre cuite et lui promit d'aller chercher ses documents de voiture.

Parcourant sa propriété, Fanny planait littéralement. Ce petit ruisseau, ce pont en bois qui chevauchait le ruisseau pour accéder à ce parc à gibier, bordé d'un petit étang avec trois petits îlots. Tous ces décors la distrayaient, l'enchantaient. Elle appréciait le charme de ces extérieurs, ces arbres fruitiers, ces arbustes sauvages, ces prairies avec toutes ces biquettes et ces moutons.

Un irrésistible élan la poussait vers lui. Qu'est-ce qui se passait en elle ? Elle ne savait rien de lui. Elle ne connaissait que son surnom, elle était en train de se faire tout un film. Elle le connaissait à peine.

Elle ressentit de l'amertume en le quittant. Ces deux jours avaient été trop éphémères.

À son réveil, Fanny se rendit immédiatement au garage.

– Mais madame, comment voulez-vous que l'on s'y retrouve dans cette pochette ? Il a combien d'assurances ce monsieur ? Et ces signatures sur toutes ces cartes-vertes qui semblent contrefaites !

Le dépanneur était exaspéré.

Curieuse et interpellée, Fanny aperçut l'épave de sa voiture. Un panier sentant le moisi traînait à l'arrière sur la banquette.

Stupéfaite, elle enleva, les unes après les autres, des chemises en soie, en popeline, en cachemire qui pourrissaient trempées. Elle sauva ce qu'elle put.

Était-il riche ? Si oui, était-il à ce point je-m'en-foutiste ? Elle était ravie d'avoir un prétexte pour le revoir.

Une semaine plus tard, un matin, elle arriva chez lui.

À l'entrée, il avait préparé quelques frusques, une petite armoire en bois qu'il voulait lui offrir, des pots d'épices.

– Tu pourras bien me loger une semaine en attendant ma nouvelle voiture, lui dit-il.

Sur la route, ils s'arrêtèrent pour boire un verre. Jimmy en prit un second, un troisième. Suspicieuse, elle se demanda soudain s'il avait un penchant pour l'alcool.

Il emménagea chez elle. Ils étaient d'accord pour une semaine.

Pas davantage.

Douce vie à deux ! Jimmy et Fanny

Septembre 2004. Il s'installa chez elle mais n'y resta que quelques semaines. Ils ne connaissaient rien l'un et l'autre, ni de leur vécu, ni de leur vie, ni de leurs caractères respectifs. Leurs personnalités conflictuelles surgirent rapidement, à maintes reprises.

Ils ne s'étaient finalement vus que deux ou trois fois.

De désopilant, plaisant, emballant, croquant, cocasse, elle le trouva soudainement incohérent, audacieux, impulsif, colérique, dominant, caractériel, énigmatique. Rapidement, ils se disputèrent. Tout vola en éclat, violemment, probablement définitivement.

Une scène apocalyptique. Lui, son brol, ses chiens, ses chats, ses châtaignes au four, ses plats cuisinés, ses cartons, elle n'en pouvait plus et l'invita à dégager de chez elle, lui et tous ses effets.

Fanny éclata en sanglots, étouffés par la rage, la colère. Il ne remettra jamais les pieds ici, se dit-elle.

Il emporta juste quelques frusques dans un sac poubelle et alla loger elle ne sait où. Un départ cataclysmique.

Il semblait pourtant en désarroi. Elle dut s'avouer qu'elle l'était aussi. Pendant ces quelques semaines de cohabitation qu'ils avaient partagées, il n'alla jamais travailler. La voiture tant attendue n'arriva jamais non plus.

Il avait passé la plupart de son temps, comme il disait « à jouer ». À faire, défaire, refaire, et encore faire, défaire, à jardiner, bricoler, cuisiner, refaire le monde. Il était impatient, fougueux.

Pourtant, il excellait dans tout ce qu'il touchait. Il devenait alors délicieux, talentueux, irrésistible, boute-en-train, farfelu, espiègle, prodigieux, emballant, épatant, trépident, jovial, éclectique mais à ses heures.

En un clic, une autre facette de cet étrange personnage se dévoilait. Il voulait alors régenter, décider, organiser, ordonner à tel point que Fanny se demandait si elle était bien chez elle.

Ils cohabitaient. Chacun faisait « son deuil » à sa façon, pour des raisons bien différentes.

Ils dormaient ensemble mais n'étaient pas amants, au regret de Fanny. Elle passait ses nuits près d'un moine, une momie. Il restait figé, parfois muet pendant des heures devant la télévision.

Fanny était rassurée d'entendre le clic de la télécommande, seul témoignage de sa présence.

Il changeait continuellement de programmes. La statue était toujours bien vivante mais absente. Impalpable, déroutant, se disait-elle.

Ils étaient devenus « complices » non dans l'amour, mais dans la douleur, la souffrance. À chacun sa façon d'exorciser. Leurs nuits étaient interminables, tous les deux comme des marginaux, n'avaient plus d'horaires, de repères.

Il refaisait le monde à sa manière. Elle écoutait inlassablement ses récits loufoques, fantasques, endiablés.

Il se relevait, selon ses états d'âme du jour, pour cuisiner ou faire quelques pas dans la fraîcheur de la nuit, regarder les étoiles jusqu'à l'aube, perdu dans ses pensées, dans ses ténèbres secrètes. Il se retranchait alors dans sa caverne pendant des heures comme un solitaire, un muet perturbé, troublé, un ermite.

Fanny était en manque... d'amour, de tendresse.

Il était incapable de lui donner ce dont elle avait besoin, essentiel à sa survie. Son âme souffrait et réclamait : « Donnez-moi de l'amour, vite, en pilules, en comprimés, sous baxter, sous perfusion mais donnez-moi de la tendresse ».

Lui était en manque... de repères, d'alcool, d'anxiolytiques, d'argent.

Il radotait à n'importe quelle heure de la nuit. Une fois de plus, il devenait ingérable, incontrôlable.

Il parlait d'un passé incompréhensible, d'un futur inexistant.

Une goutte en plus et le déclic, la soupape de sécurité lâchait. Il avait tiré au fusil dans sa propre télévision. Fanny se réveilla en émoi, en sueur, un cauchemar peut-être ? Ouf ! C'était avant qu'il la rencontre. Elle se rendormit soulagée.

Subtile et intuitive, Fanny ne parvenait pourtant pas à le cerner. Il restait mystérieux. Elle était troublée, effrayée mais captivée. Il était si énigmatique, secret, imprévisible.

Devait-il boire pour s'échapper dans un monde irréel comme quand il parlait à l'univers, aux étoiles ?

Elle se demandait parfois s'il avait toute sa tête ? Était-il fou ? Différent, dépressif ? Ou tout à la fois ?

Ce qui était certain, c'est qu'il était « original », oui c'est ça... « Un fou original », une double facette, deux personnalités, tantôt doux attentionné, tantôt autoritaire et impulsif.

Ces comportements contradictoires semaient la confusion chez Fanny. Il voulait quoi ? Qu'on l'admire ? Qu'on se prosterne devant son charme, sa culture, son humour, sa fantaisie, sa loufoquerie qui, elle devait bien l'admettre, était inhabituelle, ou se battre contre ses démons que lui seul peut-être connaissait ?

Avait-il cinq pour cent de son cerveau qui n'avait pas été configuré à sa naissance ou n'avait-il pas reçu le mode d'emploi pour l'utiliser ?

Après cette rupture, Fanny reçu un message vocal, dans lequel, ivre mort, il déblatérait, morigénait, la dénigrait, se répétait sans cesse qu'il en bafouillait lui-même. Fanny détestait cette obturation qu'il avait tendance à entretenir, ses manies, ses propos, comme une obstruction de sa pensée, de sa lucidité.

Il partit à nouveau vivre ailleurs. Ils ne se donnèrent plus de nouvelles. Le temps passait. Des jours, des semaines peut-être ? Elle ne savait plus.

Elle partit en Provence effectuer un stage de patines de meubles. Elle en avait tellement rêvé. Fanny s'était découvert une nouvelle passion.

Un soir, Jimmy lui téléphona, lui dit :

– Tu vas bien, tu es où ?

– C'est qui celui-là ?

Fanny l'avait déjà presque oublié et surtout était soulagée qu'il était enfin sorti de sa vie. Elle avait plein de projets dans sa tête. Elle se sentait raviver. Elle ne pensait qu'à ces meubles à patiner. Tous ces pigments qu'elle avait ramené de Provence lui faisait tourner la tête. Elle ne connaissait pas encore tous les noms des pigments qu'elle s'empresserait de découvrir, d'essayer : terre de sienne naturelle, terre de sienne brûlée, bleu prusse, terre d'ombre naturelle, terre d'ombre brûlée. Et tous ces meubles entassés dans sa remorque qu'il fallait décaper, retaper, patiner. Quelle aventure !

Sur le chemin du retour, Fanny sembla subitement tracassée.

Comment décaper tous ces meubles ? Qui allait les décaper ?

Faire, défaire, faire ? Qui savait faire, refaire mieux que Jimmy ? Et s'il pouvait être là ? Revenir ? Sûrement pas ...

L'aimait-elle encore ? Il lui manquait. Elle le savait mais n'osa pas se l'avouer. Quelle emprise avait-il sur elle ?

Un soir, elle le trouva devant sa porte. Elle l'accueillit avec tendresse, leur histoire, leurs habitudes reprenaient-elles leur cours ?

Chaque jeudi, pendant leurs nuits interminables, il s'amusait à lui faire écouter la Céli-By-Night, cette fameuse émission radio durant laquelle chacun pouvait trouver son âme sœur.

Il suffisait de se décrire, laisser son téléphone, se contacter si intéressé(e) !

Il était exalté, emballé comme un enfant. Elle, frustrée, désabusée ne disait rien. N'entend que celui qui veut bien entendre, comprendre.

Soudain, il lui dit :
– C'est un homme pour toi, tout à fait ce que tu cherches, allez, contacte-le, c'est marrant, tu verras bien.

Fanny envoya ses coordonnées contre son gré, déçue, attristée de son indifférence toujours omniprésente.

Après deux week-ends d'absence, Fanny rentra chez elle. Il était toujours là, affalé sur le lit, regardait la télévision comme à son habitude. Rien n'avait changé. Avait-il remarqué qu'elle était rentrée ? S'était-il seulement inquiété de son absence ?

Il ne posa aucune question, ne sembla nullement intrigué, toujours aussi énigmatique, imperturbable.

Fanny avait rencontré son prétendant après la soirée Céli-By-Night. Il l'avait contactée, avait eu un véritable coup de foudre en la voyant arriver. Fanny représentait tout ce que cet homme aimait chez une femme. Cette attirance avait été réciproque. Malheureusement, il ne pouvait s'engager dans une relation à long terme. Il souffrait trop, était ravagé par son cancer des intestins. Il n'avait plus pour longtemps à vivre. Il était un gentleman comme peu d'hommes le sont, comme les femmes aiment, comme Fanny l'aimait aussi.

Quatre heures du matin. Fanny écoutait le message vocal sur son GSM. Jimmy était parti de chez elle depuis plusieurs jours. Elle n'avait aucune nouvelle. Elle était morte d'inquiétude.

Il marmonnait d'une voix étranglée, éteinte : « J'en ai marre, je veux mourir, disparaître. Ce monde ne me convient pas, plus ».

En panique, Fanny prit sa voiture. Elle arpentait les petites routes de campagne, les ruelles d'un village au hasard de la chance pour essayer de le trouver. Elle n'avait que peu d'informations, qu'il était logé dans un petit appartement isolé de tout.

Elle croisa un petit chien blanc qui ne lui semblait pas inconnu quand soudain elle aperçut au loin Jimmy. Il était adossé à un mur, complètement défaillant, anéanti, habillé comme un clochard. Il semblait être dans un état de déliquescence avancée.

Sans réfléchir, elle l'embarqua, le ramena chez elle. Il transperçait de son regard sombre une expression qu'elle ne lui connaissait pas. Il avait les yeux mouillés. Il ne lui témoigna aucune reconnaissance, lui-même absent, un mort vivant.

Elle en avait assez, plus qu'assez de toutes ces frasques, cette relation tumultueuse et complexe qui la rendait esclave des sentiments qu'elle lui portait. Qu'il continue à boire, partir, revenir, partir. Qu'il parte vivre sur sa péniche, et qu'il la laisse tranquille.

Exaspérée, elle finit par le mettre dehors ou était-il parti de lui- même après une dispute, une de plus ou une en moins, tout cela n'avait plus d'importance. Qu'il disparaisse de sa vie à jamais. Ses airs de condescendance lui étaient devenus insupportables, saturée de sa folie, de son indifférence.

Elle avait vaguement compris que sa maison, comme tous ses autres biens, avaient été vendus en vente publique. Que de souffrance. Qu'il aille vivre sur sa péniche ou une cabane isolée, une grange à aménager. Cela n'en finissait plus, tous ces projets complètement farfelus. Jimmy était ruiné, endetté. Il n'avait plus un centime en poche, peut-être juste assez pour ce qui lui était vital... son alcool, ses cigarettes, ses anxiolytiques.

Quelle misère, mais quelle misère cet homme-là !

Une journée onirique

Fanny s'était finalement décidée à mettre en vente sa maison et se projeter pour d'autres horizons.

Ce vendredi 14 juillet 2006, il n'était que neuf heures du matin quand soudain quelqu'un toqua à la porte de sa maison. Elle n'y prêta pas attention. Étourdie de fatigue, elle sommeillait encore quand elle entendit le toc toc recommencer de plus belle avec une insistance qui finit par l'exaspérer. Elle se demanda qui pouvait l'importuner à cette heure si matinale. Ennuyée d'être en petite tenue, elle se décida à descendre ouvrir la porte d'entrée et tomba face à un homme qui lui était totalement inconnu.

– Bonjour Madame, j'ai appris que vous aviez l'intention de vendre votre maison. Je me présente, je suis vétérinaire, je veux m'installer ici, acheter au plus vite, la situation est parfaite.

Fanny reprit ses esprits et lui proposa de revenir en fin de matinée pour visiter. Elle se demanda si elle ne fabulait pas ou s'il ne s'agissait pas d'une mauvaise plaisanterie. Au point où elle en était !

– Madame, vous ne m'avez pas bien compris. À midi, je reviens avec mon père, je n'ai nullement besoin de visiter. Téléphonez à votre notaire, prévoyez un rendez-vous pour signer un compromis.

L'homme semblait déterminé, honnête et sérieux.

– Et pour le prix ? demanda Fanny interloquée.

– Votre prix sera le mien mais je veux prendre possession de la maison dans les huit jours. Je vous laisse, je suis de retour avec mon père à midi.

Il était déjà remonté dans sa voiture.

Fanny resta un long moment sur le pas de la porte, ahurie, décontenancée, ne sachant que penser. Elle s'exécuta pourtant comme l'homme lui avait demandé.

Huit jours pour déménager, trouver un logement, vider la maison, tout ça lui semblait totalement irrationnel.

Fanny avait finalement remis sa maison en vente mais changé d'agence. Le gérant, un homme de la septantaine, se montrait paternaliste, bienveillant et s'inquiétait pour elle.

– Il ne suffit pas de vendre, une femme de votre classe, vous ne pouvez pas vous loger n'importe où, lui répétait-il à chaque visite.

Cet homme s'était toujours demandé comment elle avait fini par atterrir dans ce village perdu et lugubre de Wallonie. Au milieu des vaches, du purin, des tracteurs, du foin, de bécasses qui coucouannaient intempestivement à longueur de journée. Ces fermes où vivaient tous ces villageois qui ne faisaient pas partie de son univers. Ce n'était tout simplement pas son monde. Elle avait vécu trop longtemps à Bruxelles dans le monde des affaires, de la presse. C'était une autre culture, un autre art de vivre. En y pensant, il en fut lui-même ébranlé et se demanda comment elle avait subsisté dans un milieu si hostile pendant près de 15 ans.

Tout se passa très vite, comme l'acquéreur l'avait exigé.

Chez le notaire, Fanny n'écouta pas la lecture de l'acte.

Signé, vendu, à son prix ! Fanny avait échappé au pire, à la vente publique, se retrouver peut-être un jour à la rue sans ressources. Elle était parvenue à survivre financièrement pendant trois années.

Elle avait tout perdu. Son conjoint, son travail, sa maison, ses amis. Elle n'avait que 53 ans ou déjà 53 ans, tout est relatif. Il lui restait le chèque, ce montant qui lui permettrait de repartir dans la vie, envisager de nouveaux projets. Elle alla le déposer à la banque, n'osa prendre un centime pour se faire plaisir. Elle avait été trop démunie, sur le qui-vive.

Le déménagement fut expédié en un week-end comme le vétérinaire l'avait exigé. Jimmy était seul présent pour l'aider à déménager. Les conflits avec lui étaient omniprésents, il buvait toujours. Ils n'arrêtaient pas de se quitter, se retrouver. Il lui manquait, encore et toujours.

Son fils, rentré au petit matin d'une soirée bien arrosée, dormit toute la journée, rouscaillant qu'il y avait trop de bruit dans la maison ce qui perturbait son sommeil pendant le déménagement.

Fanny se mit à pleurer d'épuisement et alla se glisser dans son lit. Sa mémoire la trahissait. Quelque chose monta alors en elle qu'elle accueillit par son nom, les yeux fermés : Bonjour Tristesse.

Flash-back : Bonjour Tristesse

Fanny n'avait que 17 ans quand elle interpréta le rôle de Cécile dans « Bonjour Tristesse », ce best-seller de Françoise Sagan. Une expérience délectable, éblouissante. Deux mois de représentations. Fanny avait été pleine de magnificence dans ces costumes d'époque confectionnés sur mesure. Son rôle provoqua déjà la rupture, la tristesse. Sans le savoir, elle interpréta sur scène, ce qui allait être sa propre histoire au cours de sa vie.

Elle éprouve aujourd'hui ce sentiment inconnu, comme Cécile, peu familier, « la tristesse » qui la sépare à jamais des autres.

Le soleil, la chaleur, la mer lui permettent d'oublier les soucis de la vie. Au travers de Cécile, « Bonjour Tristesse » marqua Fanny à vie.

Avait-elle des dispositions pour le théâtre, l'écriture comme son frère Patrick ?

« Il n'y a pas d'âge pour réapprendre à vivre. On dirait même qu'on ne fait que ça toute sa vie. Repartir. Recommencer. Respirer à nouveau. Comme si on n'apprenait jamais rien de l'existence. Sauf, parfois, une caractéristique de soi-même ».

Folles nuits au Casino

Après la vente de sa maison, Fanny emménagea avec son fils dans une petite maison, style ouvrière, dans un quartier sans âme, qui manquait totalement de charme à son goût. C'était d'un tristounet épouvantable mais elle n'avait rien trouvé de mieux pour la dépanner.

Elle avait assez de place pour entreposer ses meubles, c'était l'essentiel. L'idée d'être locataire la dérangeait pire que si elle avait atterri dans un logement social. Elle avait signé un bail de trois ans mais se projetait déjà ailleurs. Où ? Elle ne le savait pas.

Durant quelques semaines, elle mit pourtant tout son entrain pour essayer de se plaire mais rien n'y faisait. Elle passait ses journées à peindre les murs, changeait inlassablement les meubles de place, ou encore à mettre sa touche personnelle, essentielle à ses yeux.

Après tout, si elle ne se plaisait pas, et après ! On lui avait assez claqué la porte. Elle pouvait se le permettre à son tour. Elle avait bien l'intention de satisfaire ses petits caprices du moment.

Tel était son nouvel état d'esprit.

Elle avait été assez longanime face à tout ce qu'elle venait de vivre depuis trois ans. Qui s'était soucié d'elle ? De ses états d'âme ? De ce qu'elle avait vécu ? Elle comptait bien s'octroyer une vie meilleure, un environnement qui lui correspondait et enfin profiter de la vie comme elle le déciderait.

« *On a deux vies. La deuxième commence le jour où on réalise qu'on en a juste une !* »
(*Confucius*)

Elle en avait assez de se claquemurer chez elle depuis des semaines.

Ni une, ni deux, Fanny enfila une tenue élégante mais décontractée comme elle aimait. Et hop ! Une amie qui la trouvait trop sage, trop effacée, l'emmena au Casino de Namur. Il paraît que ça danse là-bas.

Fanny se sentait euphorique. À peine arrivée sur place, parmi quelques autres prétendants, un inconnu l'aborda avec insistance. Il semblait un peu timide mais sympathique.

– Tu danses ?

– Non.

Quelques minutes plus tard, il revint à la charge.

– Tu danses ?

– Non. Non !

Son amie la fusilla du regard.

– Enfin, tu ne vas quand même pas toujours dire non. Il a l'air bien gentil, bien poli.

Fanny eut instantanément un blocage. Son euphorie s'envola. Elle prit conscience qu'elle n'était nullement prête à s'investir dans quelconque nouvelle relation, même amicale. L'AVC de Loulou était encore trop omniprésent. Elle n'aimait plus d'amour cet homme, mais lui vouait de la tendresse, de la compassion éternelle. Fanny restait emprisonnée avec une plaie qu'elle ne parvenait pas à cicatriser. Combien d'années allait-elle mettre pour apaiser cette douleur qui l'engloutissait par intermittence, par sanglots saccadés ? Elle ne le savait pas.

Exaspérée, Fanny se leva, alla danser contre son gré.

Il n'était vraiment pas son type d'homme. Style grand, très mince, un peu maladroit, gauche, nonchalant, une barbe, plutôt roux, tout ce qu'elle avait en horreur.

– Tu es mannequin ?

– Quelle question grotesque, se dit-elle.

Ils dansèrent un slow, deux slows. Fanny n'avait plus dansé depuis tellement longtemps. Il la serrait trop fort contre lui. Ils enchaînèrent une série de boogie, leurs pas accordés, synchronisés, comme s'ils avaient dansé toute leur vie ensemble. Il dansait tellement bien. Fanny s'amusait, se lâchait... puis s'éclata, se délecta de plaisir.

Elle se demanda quand même ce qu'elle faisait dans ce genre d'endroit. À 50 ans, elle en faisait dix de moins, elle se retrouvait comme une jeunette, une midinette, dans ces soirées organisées, style soirées dansantes avec buffet inclus, le bal musette de fin de semaine, tout ce dont elle avait horreur.

Après le buffet, au choix, chaud ou froid, varié, à volonté, dessert compris, café gratuit, danses tout genre, jusqu'au petit matin, tango ou valse pour terminer la nuit (ou l'achever elle) dans ce casino dancing. Tous ces hommes qui vous dévisageaient probablement comme du bétail, semblaient aussi canulants les uns que les autres. Elle refusait d'écouter leurs balivernes, entendre leurs fariboles sur les femmes. Tout ce marivaudage n'était pas son monde, un univers souvent morbide, malsain, voire parfois pervers. Elle allait en faire l'expérience quelques mois plus tard.

Mais bon, elle dû reconnaître que c'était toujours mieux que de se larmoyer seule face à ses murs.

Elle ne connaissait plus personne. Tous partis, envolés, les amis, les copines, les relations. Plus personne, ils avaient tous pris la fuite depuis l'AVC. Peur d'une contagion ?

Une copine, une dernière fidèle, l'avait suppliée de l'accompagner. Son mari la trompait.

Quel tableau ! La cocue et la célibataire étaient de sortie. Pomponnées, relookées, elles ne pouvaient passer inaperçues.

Fanny était mince, féminine. On lui prêtait de la discrétion, de l'allure, un pouvoir de séduction. Elle n'avait besoin d'aucun artifice. Avec son look bien à elle, elle avait l'impression de contraster avec toutes ces femmes, probablement divorcées ou célibataires, fardées à outrance pour masquer l'approche de la cinquantaine et leurs rides qui devenaient trop prononcées. Leurs talons de dix centimètres pour paraître plus fines, cacher leurs bourrelets accumulés au fil du temps, ne sachant trop comment danser, se déhancher dans leur robe moulante.

La plupart de ces femmes venaient-elles chercher une seconde jeunesse ? Se dénicher un nouvel amour ? Chercher « un plan-cul » pour la nuit ?

Fanny n'avait jamais entendu parler de cette expression qui semblait à la mode. Elle avait été une épouse fidèle et une mère de famille pendant tant d'années. Fallait-il se mettre au goût du jour ? Mais ce n'était pas le sien.

Ce soir-là, Fanny rencontra celui qui deviendra l'ami fidèle au moment où elle avait besoin qu'on prenne soin d'elle, peut-être même la sortir du gouffre sans quémander quoi que ce soit en échange.

Après leur boogie endiablé, il ne la quitta plus de la soirée ni pendant les jours qui suivirent, les semaines, les mois, jusqu'à la fin des temps.

Il l'emmena dans ses rêves, ses voyages. De Paris, à Versailles, lui fit découvrir la Provence, la senteur du jasmin, la lavande, les marchés typiques, ses amis, ses rires, les spectacles, tout ce qui rendit à Fanny sa joie de vivre. Elle était sa déesse. Quant à lui, il était devenu son bouffon, son serviteur. Il était fou d'elle.

L'altruisme de cet homme était magnifique.

Il était un véritable ange gardien, attentionné, généreux, lumineux, bienveillant pour elle. Mais Fanny n'était ni vénale, ni amoureuse. C'était si facile de dire oui à sa demande en mariage. Sa vie aurait été si simple.

Les sentiments ne s'achètent pas, l'âme non plus, même à prix d'or ou avec toutes les merveilles du monde.

Souvenirs, souvenirs, éternellement dans mon cœur ils resteront.

Mais finalement, quelle vie de bohème, de misère !

Tout était compliqué.

Fanny avait juste envie de s'évader, se tailler, se ressourcer, retrouver ses racines d'enfance, lénifier son esprit et se revitaliser.

Marre à la fin !

Son fils était rentré d'un weekend à Knokke :

– Trop chouette là-bas, j'adore, lui dit-il.

– Oui, moi aussi j'adore, répondit-elle.

Que pouvait-il encore lui arriver ?

Elle passa la nuit sur son PC, rubrique « Appartements à louer à Knokke ». Elle sélectionna quelques appartements qui lui plaisaient. Elle envoya une série de mails. Au petit matin, les réponses fusaient déjà. Fanny prit aussitôt le train. Cinq heures de voyage aller-retour. Sa décision était prise. Elle voulait changer de vie, quitter cet environnement qui n'était plus le sien. À midi, elle signa son bail à Knokke. Elle loua un appartement de trois chambres en plein centre. Elle aimait cet endroit où elle avait passé ses vacances depuis son enfance. Elle allait s'y plaire, elle en était convaincue.

Elle fît parvenir son renom au propriétaire, « motif de survie », doit renoncer au bail et qu'ils aillent tous se faire f... Fanny n'en n'avait plus rien à f... de rien, de personne, sauf de son « fou original » Jimmy, encore, toujours. Parfois absent, parfois présent, avec lui rien n'était certain. Il l'aida pourtant à déménager mais ne s'installa pas chez elle, ne lui donna plus de nouvelles, longtemps, très longtemps.

Après son départ pour Knokke, Fanny ne donna plus de nouvelles à son ange gardien du Casino. Lui non plus.

Knokke... La quiétude

Depuis que Fanny vivait à Knokke, elle se sentait beaucoup mieux. Elle retrouvait ses souvenirs d'enfance. Un environnement qui la sécurisait et lui évitait peut-être de ne pas retomber dans la déprime. Une quiétude inattendue qu'elle ne connaissait plus. Tous ces événements successifs qui l'avaient dévastée s'évaporaient enfin au fil de l'eau, de l'oxygène qu'elle respirait jour après jour.

Inscrite à l'académie de peinture, elle s'était découvert une véritable passion, passait son temps à peindre, innover, améliorer les mélanges, les tons, les couleurs, les glacis.

Elle voulait oublier ses déboires sentimentaux. Mais se retrouver seule face à elle-même n'était pas une mince affaire à gérer. Plus personne à câliner, à aimer. Jimmy ne semblait toujours pas réceptif à sa présence. Il lui avait avoué être dépressif, ne pas être en mesure de lui offrir quoi que ce soit. Il se sentait impuissant et pas à la hauteur. Il ne pouvait l'aimer, il ne s'aimait pas lui-même. Il fallait bien qu'elle l'accepte mais restait inlassablement en manque de lui. Elle ne comprenait pas cet acharnement qui l'envahissait à chaque fois qu'elle le voyait. Elle était bien consciente que sa relation était vouée à l'échec. Ses nuits étaient longues. Insomniaque, Fanny se relevait, sortait ses pinceaux comme un exutoire. Elle commençait alors à peindre jusqu'au petit matin.

Fanny se redisait alors :

– Et revoilà ma solitude de retour. Je suis seule, toujours, je gaspille mon temps à l'attendre, rien à perdre, rien à gagner. Je ne suis ni heureuse ni malheureuse finalement. Juste exprimer ce que je ressens.

Était-ce son destin ?

Fanny n'aimait pas être guidée. Il faut faire comme-ci ou faire comme-ça. Elle fonctionnait à l'instinct. Elle continuait à évoluer seule, s'inspirait des techniques qu'elle découvrait dans les livres, sur Internet ou pendant les cours. Elle observait, saisissait ce qui l'interpellait. Elle voulait juste ressentir le plaisir de peindre, ne savait jamais si c'était bien, ne connaissait rien aux perspectives, aux proportions, au dessin, ça ne l'intéressait pas. Après des heures de travail, parfois des nuits, elle s'arrêtait subitement, regardait son tableau et se disait : « c'est bien, ou pas bien » ça devait lui plaire "à elle". Si c'était bien, son tableau était fini ! Peu importe l'avis des autres. Elle ne fonctionnait qu'avec ses émotions, ses intuitions.

Elle avait entassé près d'une quarantaine de tableaux, les aimait tous. Toutes ces couleurs vives, ces tons chauds, elle peignait intuitivement ces paysages exotiques, de soleil, remplis de luminescence. De temps à autre, il lui traversait l'esprit de découvrir ces horizons de soleil, de vivre une autre vie. Le climat en Belgique restait maussade, froid, pluvieux, venteux. Du soleil, oui du soleil, de la lumière, un ciel clair voilà ce dont elle rêvait par-dessus tout.

– Un jour peut-être, une maison au soleil, ailleurs, oui ailleurs, se répétait-elle.

– Pourquoi tu n'exposerais pas tes tableaux ? lui dit soudainement sa voisine durant un cours de peinture. Et puis tu pourrais les vendre, te faire un peu d'argent.

Ce genre de discours l'exaspérait à outrance.

Se faire de l'argent, rentabiliser. Fanny n'était pas dans cet état d'esprit. Son plaisir à elle, c'était peindre, du moins pour le moment.

Mais voilà ! Certains événements arrivent quand on s'y attend le moins. Elle avait été informée qu'une exposition de peinture, accessible à tous, se déroulerait dans quelques semaines dans un endroit paraît-il très prisé.

Plus le temps de réfléchir, pas de recul pour douter.

Elle sera présente à l'exposition.

Un peu perdue, Fanny accrochait maladroitement ses tableaux au mur. Elle fut elle-même ravie de l'effet qu'ils produisaient. C'était tout simplement aguichant, séduisant.

Elle avait déposé un petit livret sur lequel elle avait écrit : « Merci pour vos commentaires ». Fanny était partie pour une nouvelle aventure, elle s'amusait.

Elle parcourait les allées les unes après les autres, découvrait tous les artistes doués, moins doués, reconnus, talentueux. Et elle ? Soudain, elle se demanda ce qu'elle était venue faire dans cet univers inconnu ? Si quelqu'un allait prêter attention à ses peintures ou même s'arrêter devant son stand ?

Beaucoup d'habitués et de professionnels étaient présents.

Après les trois jours d'exposition, tous ses tableaux étaient vendus. Elle jeta un bref coup d'œil aux autres stands. La plupart des tableaux étaient toujours suspendus au mur attendant vainement un amateur.

Un avocat spécialisé en droit international pour l'Afrique lui avait acheté la plupart de ses tableaux. Parfait pour sa salle d'attente. La plupart de ses peintures représentaient des personnages et des paysages africains. Elle aimait toutes ces couleurs chaudes aux tons vifs, colorés, lumineux, fluorescents qui contrastaient avec la morosité des paysages de Belgique. Euphorique, Fanny ressentit une satisfaction inexplicable. Son cœur était rassasié.

Les exposants, la plupart des habitués, se demandaient d'où sortait cette femme étrange qu'ils n'avaient jamais croisée auparavant.

Fanny n'était de nulle part, à part, différente, elle le savait mais ne savait pas d'où venait cette énigme.

Elle repartit retrouver son oxygène vers de nouveaux horizons inconnus et ne fit jamais plus d'expositions. Elle continua pourtant à peindre.

Fanny retrouva des anciennes connaissances. Par enchantement, ils réapparaissaient, venaient passer le week-end, respirer l'iode. Elle avait aussi besoin d'un bol d'air. Peut-être pour se taire, préférant faire l'autruche. Tous ces faux-culs, mais bon un peu de complaisance.

Toujours en manque d'amour, elle garda quelque temps son site de rencontres. Ces prétendants, probablement en quête d'aventures, étaient ravis de lui rendre visite, lui offrir un resto, faire une balade en bord de mer. Fanny n'était attirée par personne. Elle n'aimait personne. Ou préférait-elle enfouir ses sentiments ?

Ses rencontres du casino lui avaient laissé un goût amer. Elle était devenue sauvage, méfiante, même tigresse.

C'était toujours le même scénario. Elle avait été bien naïve, innocente. Le monde ne fonctionnait pas comme ça.

Ce n'était pas un monde de bisounours.

Le premier contact était en général courtois, agréable. Juste un petit resto. Le deuxième rendez-vous, toujours dans un lieu public, déjà plus oppressant. Le troisième rendez-vous « il te baise sinon il te largue ! » Fanny était saturée. Elle se faisait à chaque fois larguée. Elle ne rencontrait pas un homme qui fonctionnait autrement.

Peu importe le niveau social, les études, le canevas était toujours le même, du médecin, du dentiste, de l'ingénieur au magasinier ou fonctionnaire.

Il lui arrivait de sortir par les cuisines prétextant aller aux toilettes et demander s'il y avait une porte de secours. Au secours !

Elle s'échappait enfin, courrait à sa voiture paniquée et rentrait chez elle dépitée.

Lui surgit à l'esprit une anecdote parmi tant d'autres.

Lors de ses multiples rencontres, elle profita qu'un prétendant alla chercher ses cigarettes dans la cave (il essayait vainement d'arrêter de fumer et planquait son foin). Le temps qu'il aille chercher sa survie, elle avait déjà pris son baluchon et déguerpissait à la hâte...

Où es-tu Fanny ? Où te caches-tu ?

Quand ce n'était pas carrément se faire coincer dans le coin d'une porte, suffocante ne sachant plus respirer, un autre parasite l'étreignait sans retenue, subitement.

Méli Mélo

Fanny ne voulait plus sortir, devenait insociable, mais le pire, le pire allait arriver. Elle avait accepté de souper avec un ami qu'elle connaissait depuis plusieurs mois. Père de trois enfants, en instance de divorce, haut placé à la police (tout à fait sécurisée, se dit-elle) elle avait finalement accepté son invitation. L'hiver était rude, il n'arrêtait pas de neiger, le verglas trop dense. Il lui proposa de monter dans sa voiture. Plus fiable, lui dit-il (tu parles). « Un petit resto sympa, un chinois ? Aimes-tu la nourriture thaï ? Vietnamienne ? »

Elle en raffolait. Peut-être un thé au jasmin en fin de repas pour se réchauffer ? Digérer ?

Ils roulèrent longtemps, toujours plus loin. Le noir, le verglas, la route glissante, le temps lui parut interminable. Fanny avait de moins en moins faim. Pire que si elle avait déjà avalé trois plats.

Où l'emmenait-il ? Elle ne connaissait aucune route qu'il avait empruntée. Ne t'inquiète pas Fanny tu es en bonne compagnie.

Ils arrivèrent devant une porte, deux lanternes aux couleurs chaudes illuminaient cet endroit isolé. Il fallait sonner, un code pour rentrer. Elle avait croisé ou aperçu ce genre d'endroit quand elle était jeune dans les quartiers lugubres, malfamés, glauques, de travestis, de putains.

Il l'avait amenée dans un club d'échangistes...

Assise au bar, propulsée hors du temps, Fanny sirotait son verre, incapable d'articuler une syllabe. Elle observait, rien ne lui échappait. Nullement pour assouvir une curiosité malsaine ou un fantasme, elle visualisait « en réel » ce genre d'endroit, comme on voit parfois un film « hot » à la télévision. Elle se disait qu'il y avait sûrement encore plus glauque, plus vulgaire.

Depuis près d'une heure qu'elle était collée sur son tabouret, figée (pire que si elle avait étalé un tube de colle glue sur son tabouret) elle n'avait rien vu, à son soulagement, de vraiment sexuel. Personne ne l'avait approchée, ni touchée mais n'était vraiment pas dans le ton. Elle avait fait suffisamment preuve de résilience ces derniers mois pour ne pas se sentir déstabilisée devant ce libertinage.

Totalement néophyte dans ce domaine, elle ignorait jusqu'à la différence entre club libertin et club d'échangistes. Pour l'un comme pour l'autre, elle éprouvait une répulsion instinctive.

Elle continuait à observer, il lui semblait que dans ce genre de lieu « le consentement était roi », une règle d'or à respecter.

Si on disait « non » on n'était plus importuné. Finalement, elle se trouvait dans un endroit relativement « safe ».

Les hommes étaient peu insistants, il suffisait de faire comprendre qu'il n'y aurait pas de retour.

C'était déjà ça, elle commençait à prendre du détachement.

Il lui proposa mais n'alla pas, ni dans les alcôves coquines, encore moins dans les boxes ouverts, ni les boxes fermés, ou encore au premier étage.

Le décor était kitch, toutes ces plantes plastiques, ces bouddhas gigantesques qui sortaient de tous les coins, ces lampes bleues ou rouges planquées ici et là, derrière les décorations, cette atmosphère feutrée, sombre, sans goût, la piste de danse au milieu, toutes ces barres en métal le long desquelles ces femmes en tenue d'Ève, s'aimantaient, se déhanchaient, se tortillaient, s'identifiaient à un serpent. Elles avaient toutes la même physionomie, un regard de félines totalement absentes.

Fanny n'était nullement choquée, dérangée, elle trouvait tout cet étalage triste, si morne. Elle ne portait aucun jugement, elle visualisait tout cela comme un spectacle bas de gamme, un show de Pigalle ou autres cabarets peu relevés, sans classe ni raffinement.

Presque toutes ces femmes étaient dénudées, en tenue d'Ève.

Un petit string, un paréo, une petite touche érotique, n'était-ce pas plus affriolant ?

Au bout du couloir, elle remarqua des tables rondes ou entremêlés, ils se délectaient leur repas, nus comme des vers. Cet endroit était tellement tamisé, sombre. Elle se disait qu'au moins la pénombre cachait leurs bourrelets, rendait moins laids tous ces seins tombants, débordants.

Fanny espérait seulement que dans ces lumières ultra-tamisées ou s'entremêlaient, les seins, les bedaines, les bourrelets, le poulet, le porc, le veau, ils / elles n'allaient pas se mordre le sein, la bedaine, les bourrelets plutôt que le poulet, le coquelet de leur assiette.

Tout ça lui faisait penser aux orgies romaines. Mais non voyons, le monde évolue, on est déjà aux « plans-culs ».

Fanny, il serait temps que tu te mettes à la page. Tu es carrément obsolète.

Fanny n'avait bu que du coca au cours de la soirée. Le verre et la bouteille déposés à chaque fois côte à côte.

– On en prend un dernier avant de rentrer, lui dit-il.

Fanny voulait rentrer, elle était à saturation mais cette fois, on lui amena le verre déjà rempli.

Fanny remarqua instantanément... La bouteille ? Où est la bouteille ? Elle but une gorgée, une deuxième, puis stoppa net. Encore une troisième, une quatrième gorgée, et elle aurait été droguée.

Hystérique, elle lui balança son verre à la figure. Il voulait la droguer, la b... !

– Salopard va ! Reconduis-moi et sur le champ.

That's life ! Elle l'avait finalement échappé belle. « L'enfer c'est les autres » (Sartre). Elle en était convaincue.

Quelques jours plus tard après cette mésaventure, Fanny ne put s'empêcher de recontacter Jimmy.

Viens me chercher. J'ai peur. J'ai besoin de toi. Bois comme il te plaît. Je veux m'évader de ce monde de pourris, de désaxés, avec toi, loin, très loin, au soleil.

Fanny rêvait à une thébaïde raffinée, exotique, où elle se réfugierait avec lui. Loin de l'incessant déluge de la sottise, de la débauche, de la vulgarité humaine.

Elle lui écrivit :

Je suis hypersensible, je suis devenue ainsi, forte et fragile à la fois. Je pense beaucoup, tout le temps, je perçois intensément le monde qui m'entoure, les subtilités de mon environnement, le stress, les émotions peuvent m'envahir, me submerger.

Lorsque tu me parles, je ne fais que t'entendre, je t'écoute intensément. Oui, je devrais parfois mettre de la distance.

Je ne peux être que moi, et être moi c'est déjà pas mal !

Certes, la peine, la tristesse et même la colère peuvent m'envahir mais ma joie de vivre, ma sensibilité, mon amour pour toi n'ont pas de limite.

Je ne peux rentrer dans les cases qui est ce monde que l'on m'impose et ne me correspond pas. Je ne veux pas y rentrer.

Laisse-moi être « moi » laisse-moi te couvrir de mon univers, et surtout protège-moi lorsque tout me semble si difficile, prends-moi dans tes bras, laisse-moi me cacher lorsque le monde me paraît trop dur.

Couvre-moi de ton regard lorsque je me sens seule, cette solitude qui m'envahit quand tu n'es pas là, à mes côtés, qui m'entraînent dans mes peurs, qui m'empêchent de respirer à cause de ton absence. Je me sens alors déconnectée de tout, je ne suis plus capable d'avancer.

Aime-moi telle que je suis avec mes failles qui font ma force.

Jimmy et Fanny se retrouvèrent par intermittence à Knokke.

Son comportement avait changé.

Était-elle « captive » des sentiments qu'elle portaient à Jimmy au point de rester enracinée à vie à ses côtés ?

La légende de Jimmy

En cette fin d'après-midi pluvieuse et venteuse d'automne, Jimmy se calfeutra dans le fond du canapé, alluma une cigarette avec son café, avait fermé les tentures du living et partit dans son monde à lui, commença à raconter son histoire, insistant avec un air grave qu'il ne fallait surtout pas l'interrompre dans son récit.

Il perdrait le fil de ses idées et ne pourrait plus le rattraper.

Fanny était pendue à ses lèvres et écouta sans oser bouger.

Il commença son récit en sourdine, d'une voix mystérieuse.

Des mois s'étaient écoulés depuis leur rencontre.

Fanny se demandait si Jimmy avait sa propre histoire ? Sûrement, mais il n'avait peut-être jamais su se l'approprier.

Cette histoire si étrange avait-elle glissée sur lui comme la pluie sur l'acier ?

Était-ce à ce vide existentiel qu'il remédiait par une reconstruction narcissique de sa personnalité ?

Fonctionnait-il encore par le pouvoir ?

Tous ces traits différents de personnalité continuaient à la troubler. Était-il peut-être un mégalomane avec un désir excessif de gloire, de puissance, de folie de grandeur ?

Elle retrouvait parfois en lui, certains troubles de personnalité, un comportement démoniaque, des réactions impulsives, un orgueil mêlé d'égocentrisme, d'intolérance, d'obstination mêlée de vanité, et même de méchanceté.

Pourquoi un homme comme lui s'était détruit de cette façon pour se retrouver démuni de tout ?

Fanny était intriguée. Il avait un passé si compliqué, si particulier. Un soir, Fanny l'astreint à ce qu'il lui raconte enfin son vécu.

« Issu d'une famille bourgeoise aisée de 4 enfants, son papa, un homme très érudit et cultivé, d'un pragmatisme et d'une intelligence hors norme, avait réussi dans les affaires, dans le courtage d'assurances et le financement de promotions immobilières.

Son père avait déjà tracé à Jimmy son chemin. Il l'incita à reprendre le bureau d'assurances. Très vite, Jimmy, s'inspirant de sa réussite commença, à 23 ans à développer un patrimoine immobilier à l'affût de bonnes affaires avec un principe très simple : financer ses acquisitions en 10 ans avec les revenus locatifs.

À 27 ans, il perdit son père qui décéda d'un cancer du foie dû à un abus d'alcool. Ce père qu'il avait tant admiré mais qui lui avait appris aussi à boire, qui l'avait tant protégé, canalisé, qui était avant tout son garde-fou, n'était plus là.

Après le décès de ses parents, la succession, l'héritage, Jimmy se retrouva propriétaire d'un bureau d'assurances et avec un patrimoine immobilier de plusieurs millions d'euro à son actif.

Rien ne pouvait plus l'arrêter. Toujours faire plus, toujours gagner plus. Il était empreint de cette pléonexie qui ne le quitta plus, non pas nécessairement pour le goût de l'argent mais indubitablement pour plaire, impressionner, par envie de pouvoir et de réussite.

Ses activités étaient devenues multiples, trop multiples : un bureau d'assurances, une carrosserie, deux restaurants, des participations dans une agence de voyage, une société anonyme de patrimoines immobiliers...

La Belgique ne suffisait plus, trop petite pour lui. Il décida de faire de la promotion sur l'île d'Ibiza.

Au fil des années, chaque année un peu plus, les sorties festives, les dîners d'affaires, les virées nocturnes étaient au goût du jour, tout était prétexte à boire de plus en plus... Les conséquences étaient déjà écrites.

Alcoolique invétéré, il avait commencé à ne plus prendre soin de sa famille qui lui était si précieuse, de son épouse et de sa fille unique qui lui vouaient un amour inaltérable.

De plus en plus laxiste dans la gestion de ses affaires, il avait décidé de confier celle-ci à tout-venant, associés, amis, copains, prête-nom, collaborateurs, tout était bon ! Dans son entourage, il était « adulé », très généreux, ne refusait rien à personne, allant jusqu'à donner des sommes d'argent à la première personne rencontrée hasardeusement et sans lendemain dans un bar.

Il était pourtant fou d'amour pour sa femme et sa fille. Pour un simple anniversaire, il offrit une Jeep à sa femme. Lors d'un weekend à la côte, une fois de plus bien imbibé d'alcool, il s'était rendu dans une agence immobilière acheter un appartement sans plus compter, ni réfléchir sur un coup de tête... C'était le bon-vouloir et les exigences du « prince » ; « Je fais ce que je veux, quand je veux, j'ai l'argent, j'ai le pouvoir et tout me réussit. »

Tels étaient ses propres propos.

15 ans plus tard, après avoir été trompé et influencé par certains, dupé et volé par d'autres, lui trop laxiste, fainéant parfois et sans doute trop généreux pour les derniers, il n'avait plus rien...

Pardon, il était toujours riche, mais riche que de ses dettes.

Tout était parti en vente publique jusqu'à son mobilier.

Il avait sombré dans un alcool violent et méprisant, était devenu indigent, indifférent à tout. Il avait perdu sa dignité, ses envies, ses amours, ses amis, n'était plus que l'ombre de lui-même.

Sa femme l'avait quitté, elle n'avait pas eu d'autre choix. Le pire pour lui. Sa fille avait pris ses distances, elle n'avait pas d'autre choix non plus. Ses frères, ses amis, ses relations d'affaires avaient pris de la distance eux aussi.

Il n'avait plus rien, plus de métier, plus de revenus, plus d'avenir.

À cette époque, la pire de sa vie, sa demeure fut pour quelques temps un banc à la gare. Pour se nourrir, n'importe quel bistrot mal famé pour assouvir sa soif, n'importe quel alcool. Et pour tuer le temps, jouer et parier des gains lors de parties de billard au café de la gare.

Il avait été un homme adulé, connu et reconnu, aimé, par beaucoup. Il n'existait plus pour personne.

À vouloir voler de plus en plus haut, comme Icare, ses ailes avaient fondu au soleil.

Un 3 mai, date de son anniversaire, il décida d'en finir, de partir, il avait toujours su qu'être utile était important, il ne pouvait plus être utile à personne.

Il fut hospitalisé aux soins intensifs mais la mort l'avait épargné.

Pour quelles raisons ?

Pour quel destin ?

Après tout, on vit peut-être plusieurs vies en une ? »

Turquie – Mai 2006

Fanny et son compagnon

« *La vie n'a pas de sens mais nous lui donnons un sens pendant que nous existons* » (*Francis Bacon, philosophe*).

Fanny était dans une effervescence qu'elle ne contrôlait plus. Elle avait envie de voyager, découvrir Bodrum et faire de ce séjour une parenthèse de rêve. Elle avait tellement attendu ce voyage.

Levée à l'aube pour vérifier n'avoir rien oublié, elle emmenait Jimmy, la seule chose qui comptait à ses yeux, avec ou sans ses valises, qu'importe.

Son vécu façonnait désormais ses envies, ses aspirations. Elle assumait ses choix et avait balayé son passé. La vie est courte, fragile et incertaine, se disait-elle. Elle pensait qu'il lui restait encore du temps pour accomplir d'autres choses, peut-être plus belles.

Ne pleure plus le passé, laisse-le s'en aller. Accepte tes souvenirs sans les retenir. Profite du temps présent et ne regarde pas non plus trop vers l'avenir. Demain c'est déjà très loin.

Voilà comment Fanny essayait, au fil des jours, de se réconcilier avec la vie. Juste profiter du temps présent, s'octroyer des moments de bonheur.

Fidèle à son impulsivité, le billet d'avion trouvé, c'était bouclé.

Elle réserva inopinément « une semaine pour eux deux », seulement une semaine.

Elle communiqua à Jimmy son enthousiasme, lui répétait inlassablement :

– Tu verras, ça va te plaire, c'est époustouflant de beauté, cette nature à l'état brut sur la côte égéenne, en bord de mer, ces palmiers, ces champs d'eucalyptus, ces criques paradisiaques, tous ces bougainvilliers.

Euphorique, à l'aéroport, Fanny entendit enfin :

« Les voyageurs à destination de Bodrum sont priés de se présenter à la porte 3 ». Son chiffre porte-bonheur, le 3.

Fanny sautillait en parcourant ce long couloir qui lui semblait interminable et se mit à chantonner :

« Il en faut peu pour être heureux
Prends la vie du bon côté, que c'est bon de vivre
Et tu verras, ne gâche pas ton temps pour l'impossible,
tout est résolu
Passe-toi des choses superflues
Alors, tu t'en fais plus, prends la vie du bon côté
Il en faut vraiment peu pour être heureux
Chasse de ton esprit tous tes soucis »
(Dixit, Balou, le livre de la Jungle)

De l'irréel conduis-moi au réel

Ce 14 mai 2009 plus précisément, ils embarquèrent pour la Turquie. Fanny ne connaissait pas un mot de turc, lui encore moins. Elle parlait couramment anglais. Ils se débrouilleraient. Elle avait juste retenu « Hosgeldiniz » qui signifiait « Bienvenue ».

Soudain, sur le tarmac, Jimmy marmonna instinctivement :

– Je suis un autre homme.

Fanny n'y comprit pas le sens.

Un autre monde ? Un autre homme peut-être ?

Une nouvelle vie ? Un nouvel amour ?

« Hosgeldiniz Turquiye », se disait-elle à nouveau en souriant.

Ils montèrent dans un taxi. Ils ne savaient, ni l'un ni l'autre, qu'ils y resteraient, par intermittence, pendant huit ans. Ces années allaient marquer leur destinée à vie.

La vie n'était pas un long fleuve tranquille avec lui, elle le savait. Après leurs multiples séparations, ils s'étaient croisés par hasard à plusieurs reprises. Elle ne se souvenait plus à quelle occasion.

Troublée, déboussolée de le revoir, elle subissait à chaque fois cette attirance qu'elle n'arrivait toujours pas à contrôler. Enchaînée à lui, elle ne voulait plus le quitter.

« Vous êtes l'expression de votre plus profond désir. Tel est votre désir, telle est votre volonté. Telle est votre volonté, tels sont vos actes. Tels sont vos actes, telle sera votre destinée ». (Citations upanishad)

Dès leur arrivée à Bodrum, dans un petit hôtel de charme sans pareil, les jours défilèrent à toute vitesse.

Le temps ne comptait plus. Fanny flottait sur son nuage. Elle ne pouvait pas dire que Jimmy était amoureux mais ils passaient une semaine pleine de ravissement. Ce séjour était idyllique, insolite. Elle avait le sentiment qu'ils étaient en osmose. Une complicité sincère s'installait entre eux, peut-être plus précieuse qu'un coup de foudre. Elle se disait que l'amour est si difficile à trouver, si facile à perdre mais si beau quand on le vit. Elle espérait, elle l'attendait.

Au gré de leurs envies, ils découvrirent Bodrum, ses alentours, ses criques. Un monde enchanteur qui les séduisait à un tel point qu'ils ne voulaient plus rentrer. Une après-midi, ils partirent à l'aventure, s'évader, visiter des biens à vendre. Ils sillonnèrent des criques en bord de mer et atterrirent par hasard dans un ancien village de pêcheurs dénommé Torba. Ce petit coin de paradis semblait avoir gardé son charme d'antan.

Ils arpentèrent les coteaux recouverts d'oliviers, de pinèdes, de massifs exotiques quand soudain interpellés, ils s'arrêtèrent devant une petite maison abandonnée, envahie par les mauvaises herbes, une faune luxuriante, des palmiers, des cactus aux multiples variétés.

Jimmy poussa instinctivement la vieille grille rouillée de l'entrée et lui chuchota doucement à l'oreille : « Ce sera ta maison Fanny ».

Une affiche déchirée indiquait que la maison était à vendre.

Envahie par un sentiment de féerie impénétrable, d'envoûtement amphigourique, elle resta stupéfaite devant cet endroit bucolique. Fanny rêvait toujours de cette thébaïde où se réfugier loin de l'incessant déluge de la sottise humaine qu'elle avait connu ces derniers mois. Échapper à toute cette bureautique et cette folle agitation des villes, sans fin en effervescence, qu'elle ne supportait plus. Elle n'avait plus rien, ni mari, ni maison, ni profession. Il lui restait sa liberté, un peu de moyens financiers qui lui permettaient de satisfaire ses envies, ses attentes et se poser où le vent la pousserait avec cet homme dont elle était amoureuse et dont elle ne voulait plus se séparer.

Comment aurait-elle pu soupçonner quelques années auparavant que sa vie allait être engloutie par la tourmente qu'elle avait vécue et bouleverser sa vie à ce point ? En un éclair, elle s'imagina vivre avec Jimmy, retaper cette maison, la décorer, en faire un refuge à leur image, peut-être même un nid d'amour où, à deux, ils seraient seuls au monde.

Son fils avait quitté Knokke pour reprendre des études. Quant à elle, elle y avait fait son temps. Elle avait besoin de soleil, découvrir d'autres horizons. Le climat de Belgique, toujours venteux, ce ciel gris, cette pluie incessante pendant des jours et des jours. Le froid lui était devenu difficile à supporter, ce n'était pas nouveau.

Elle avait déjà fait abstraction du raisonnable, ne connaissait plus la demi-mesure. Il n'y avait plus d'intermédiaire en elle, la vierge folle surgissait, prenait le dessus sur la vierge sage. Une folie qui ne correspondait en rien à ces canevas standards de vie, aux critères normaux, aux valeurs, aux obligations.

Il y avait quelque chose en Fanny qui la poussait à rechercher l'interdit, à se libérer des entraves qu'elle s'était mises ou qu'on lui avait imposées. Elle ne manifestait alors aucune tendance cohérente mais plutôt un comportement folâtre.

En accordance avec son thème astral, Fanny était bien née un 18/09/1952 à huit heures du matin à Bruxelles. Elle était autant vierge que balance avec beaucoup de contradictions en elle.

Très vite, elle comprit que sa vie était et continuerait à être une route à grande vitesse. Tout se passait toujours très vite, trop vite.

En quelques secondes, elle pouvait passer du rationnel à l'irrationnel. L'adrénaline l'attirait jusqu'à provoquer son destin. Un besoin de vibrer au quotidien. Elle n'aimait ni le tiède ni le réchauffé, vivait la plupart du temps des situations explosives, inattendues.

Fanny le savait depuis longtemps, elle se rabâchait continuellement qu'elle était de nulle part. Afficher cette dissemblance ne la dérangeait nullement. Elle éprouvait ce désir, ce besoin d'authenticité loin d'un monde superflu, influencé par des stéréotypes, des préjugés dont elle ne voulait plus.

Elle découvrit ce lieu qui lui était inconnu. Un lieu de magie, rêvé, auquel elle n'avait jamais pensé. Elle se sentit à l'aube d'une nouvelle vie, au paradis. Cet endroit lui correspondait. Elle ne voulait déjà plus le quitter, là où son destin la conduisait.

La flore était verdoyante, fleurie. Elle respirait le parfum sucré des orangers en fleur dont elle raffolait, se délectant de toutes ces couleurs chatoyantes, rose ou rouge, toujours somptueusement colorées qui ornaient toutes ces maisons chauffées par un soleil qui n'était pas encore écrasant. Elle traversa un petit chemin rocailleux qui l'amena le long de la mer et décida de continuer jusqu'à la plage. Le sable était immaculé, le ciel d'un bleu si pur, le printemps délicieux.

Il suffit d'un rayon de soleil pour encore croire au bonheur, se dit-elle. Cet endroit est paradisiaque. Elle assimilait paradisiaque au soleil, chaleur, palmiers. Elle lâcha-prise et décida, après avoir fait un dernier tour d'horizon d'acquérir cette maison sans plus réfléchir.

« *Aucune vie n'est complète sans une touche de folie.* »

Elle se rendit à l'hôtel prendre son passeport, hésita à la dernière minute. Jimmy était sorti de la chambre, avait claqué la porte, la laissant seule face à sa décision. Par impulsivité, réactivité, peu importe, elle partit à l'agence signer le compromis d'achat.

Fanny ne connaissait rien aux modalités d'achat en Turquie, les obligations, les contraintes, les frais à assumer. Elle, si terre-à-terre, ne semblait nullement s'en soucier. Son achat était probablement bien téméraire et impétueux. Fanny le savait. Elle agissait par idéal, dépensait par passion.

Mais ne se douta jamais que les frais engendrés par cette acquisition allaient être plus que dispendieux.

Quant à parler le turc, ce n'était pas sa préoccupation du jour.

De retour à l'hôtel, Jimmy, accoudé au bar, était sans doute reparti dans ses délires d'alcool. À chacun ses délires, elle était transportée par un élan qui ne lui fit pas faire marche arrière. Avance et oublie, se disait-elle. Fanny se sentait rare et solaire.

Ce soir-là, elle le laissa seul au bar. De retour dans sa chambre d'hôtel, elle ouvrit par réflexe son ordinateur, s'étourdissait déjà de la beauté de Torba, de ses environs, de toutes ces merveilles à découvrir, ne se lassait pas de lire ces quelques lignes :

Devenue une séduisante station balnéaire, Torba s'enorgueillait de plusieurs hôtels modernes, de plages de galets comme de sable aux abords de collines qui sentent bons les herbes sauvages.

Riche de ruines, de monastères d'influences byzantines, Torba est aussi un point de départ pour réaliser des excursions sans fin, du temple d'Apollon en prenant le ferry jusqu'aux sites historiques de Priène (*1) et de Miletus (*2). Toute proche de la ville grecque de Cos, Torba a su conserver son identité, son patrimoine, ses maisons en dépit du cosmopolitisme et de sa clientèle touristique.

Voisine de Bodrum (*3), la région est trop riche en histoire pour laisser les vieilles pierres muettes. On y trouve encore d'anciens forts de l'époque des croisades et d'anciens vestiges antiques. Elle a gardé aussi le charme d'aventures culturelles que lui réservent les environs avec Pamukkale (*4), l'étonnante « montagne de coton » et le site d'Ephèse.

(*1) Cité grecque, archéologique, d'époque romaine qui a conservé la richesse et l'histoire de ses ruines d'antan.

(*2) Milet, ancienne cité grecque d'Ionie. Site archéologique.

(*3) Anciennement fondée par les grecs sous le nom d'Alikarnas, elle est très prisée aujourd'hui par les touristes et la bourgeoisie turque, principalement d'Istanbul. Aujourd'hui, on l'appelle le « Saint-Tropez turc » pour son port, ses escapades vers les îles grecques, son patrimoine historique, son histoire, sa diversité culturelle, ses restaurants, son marché couvert, ses magasins.

(*4) Inscrit sur la liste mondiale de l'Unesco, le « château du coton » est un site naturel et touristique composé de sources formant une tufière, concrétion de roches calcaires.

(*) Wikipédia.

Elle s'endormit épuisée, rassasiée de tant de merveilles à découvrir et plongea dans ses rêves.

L'évasion

Tout juste rentré de Turquie, Jimmy avait déjà envie de repartir. Il en avait assez de sa vie de misère, de bohême en Belgique. Un besoin pressant de changer d'air le submergea. L'hiver n'en finissait pas. Ce froid glacial, cette lassitude qui l'envahissait. Il ne supportait plus.

Il partit inopinément à Torba le 10 mars 2010, un peu moins d'un an après l'acquisition de la maison. Arrivé à Bodrum, il prit un taxi. Pendant le trajet, il avait un mauvais pressentiment, fut pris d'une appréhension qu'il avait du mal à contrôler. Un véritable déluge avait prévenu par mail la voisine à Torba. Il était tombé des trombes d'eau.

Jimmy poussa la porte d'entrée de la maison en cet fin d'après-midi. Il faisait subitement frisquet, sombre. Une pluie fine perlait le long des murs. La maison semblait anormalement lugubre.

Était-ce déjà un pressage ? Il se doutait bien qu'il y avait eu une inondation mais jamais ne s'imagina découvrir ce qui l'attendait. Il tenta d'ouvrir la porte. Celle-ci était déjà déformée. Les crépis des murs extérieurs, les contours des fenêtres gorgés d'eau s'effritaient.

À peine toucha-t-il l'interrupteur que les ampoules des luminaires de la cuisine éclatèrent. Un court-circuit se déclara illuminant les pièces sombres de flammes et de crépitements inquiétants.

Au même moment, il glissa sur un marécage d'eau, de débris, de boue qui couvrait l'entièreté du rez-de-chaussée d'une épaisseur impressionnante. Il frissonnait de froid, terrassé de constater l'ampleur des dégâts, anéanti par ce désastre inopiné. Sous le choc, se doutant du pire à venir, il n'osa pas monter aux étages. Il se décida finalement et comprit très vite que la terrasse penthouse plate, bordée d'un mur d'enceinte d'un mètre de haut, suite à l'obstruction des avaloirs, avait été inondée d'eau sur une hauteur de cinquante centimètres. Cette terrasse s'était transformée en une véritable piscine qui ne trouva que pour seule issue la porte menant à l'escalier de l'étage du dessous. Durant plus de deux semaines de tempête, des centaines de litres d'eau s'étaient infiltrés gorgeant l'ensemble des murs, des plafonnages, de la menuiserie et du mobilier d'une eau stagnante et boueuse.

Même les draps de lits étaient déjà moisis. Le plafonnage et cimentage du plafond du dernier étage s'étaient écroulés laissant apparaître juste les barres à béton dont l'eau continuait à perler goutte à goutte, étaient devenus friables pour ressembler à du pain d'épices.

Cet univers chaotique était anéantissant. Tous les murs sur une hauteur de quarante à cinquante centimètres étaient gorgés de cette eau boueuse et laissaient apparaître déjà des traces de moisissure.

Il lui fallait maintenant avertir Fanny.

Ce soir-là, ils restèrent longtemps au téléphone. Le constat était catastrophique. Il fallait tout refaire, tout réparer, des chambranles de portes aux plafonnages, des murs et plafonds, installer une nouvelle cuisine, remplacer l'électricité ainsi que les peintures de toutes les pièces.

Au timbre de voix de Jimmy, Fanny perçut une angoisse bien réelle chez lui. Les dommages étaient-ils si conséquents ? Il tenta de la rassurer mais en vain. Elle n'était pas dupe. Heureusement, elle avait souscrit une assurance globale habitation.

– Je commencerai par le début, s'exclama-t-il plein d'allant.

Fanny ne parvenait plus à l'interrompre :

– Je dois tout évacuer à l'extérieur, le mobilier, la literie, la lingerie, la vaisselle, du moindre couvert au moindre bibelot. Tout doit sécher, tout sent déjà le moisi.

L'occasion faisait le larron ! Le sinistre nécessitait bien évidemment la présence de Jimmy. Il était décidé à se fixer un agenda, tout un programme.

Soudain paniquée, elle se demanda alors pourquoi elle ne prendrait pas un avion pour le rejoindre.

Mais avait-il seulement envie ou peur qu'elle soit près de lui ?

Elle n'avait pas osé lui avouer avoir été attristée de le voir si précipitamment repartir en Turquie sans elle.

Et maintenant, la maison engloutie sous les flots.

Fuir, fuir la Belgique, son passé, ses remords et ses regrets, ses recherches d'emploi, ses tracas, son quotidien et ses mornes habitudes, voilà ce que Jimmy lui avait fait comprendre avant son départ.

Comme tous les soirs, elle attendait impatiemment son appel. Il devait se rendre à la cabine téléphonique du village à plus d'une demi-heure de marche, n'avait plus de crédit sur sa carte, plus d'argent non plus.

Il se levait à six heures du matin, non pas tant par volonté mais à cause du froid et de l'humidité, pour achever sa journée tardivement. Il ne prenait même plus le temps de s'alimenter correctement.

Et que dire des dommages ? Affolée, Fanny ne disait mot, l'écoutait.

L'évaluation des réparations et des matériaux se chiffrait à plusieurs milliers d'euro. La compagnie d'assurances avait accordé un dédommagement conséquent, déjà une transaction inespérée. Le sinistre n'était en principe pas couvert. Une infiltration d'eau dans la toiture plate. Un manque d'entretien des tuyaux d'évacuation, vétustes, en fer rouillés et obstrués.

L'expert avait eu sans doute de la compassion pour cet étranger qui semblait dépité, fatigué, démoralisé.

Fanny n'assimilait pas ces explications confuses et embrouillées.

Enjoué, Jimmy continuait à déblatérer tout ce qu'il lui passait par la tête. Elle comprit qu'il ne s'arrêtait jamais, s'octroyait de temps à autre quelques moments de détente, prenait un café ou un thé chaque matin, saluait les habitants avec les quelques mots de turc qu'il avait retenu : « Bonjour, merci, au revoir ; Merhaba, tesekkür ederim, güle güle ». Il en perdait lui-même son langage. Il préférait encore s'exprimer avec les mains ou les gestes, lui dit-il en éclatant de rire.

Fanny s'imaginait déjà comment il devait être fagoté.

Probablement affublé d'un vieux jeans coupé en short, des espadrilles en lambeau, un T-shirt décousu, troué ou déchiré. Il ne devait sûrement pas avoir fière allure. Tous les jours, ces mêmes habits recouverts de ciment, ou un autre jour de peinture, les cheveux en bataille couverts de poussière.

Apparemment, Jimmy devenait plus que familier avec les voisins, l'éboueur, le chauffeur du bus, ce petit bus appelé dolmus, le livreur. La plupart du temps, sans un sou, son café était offert par Fatma qui lui faisait crédit en n'oubliant pas de noter dans son carnet tout ce que Jimmy emportait à l'épicerie.

Jimmy lui parlait de Ugür. Un parfait inconnu qui s'était introduit dans le salon pour déposer un plat gargantuesque sur la table. Il parlait un peu de français et surtout avec les gestes :
– Toi travailler, alors manger ! Bon, fait maison. Moi Ugür (qui signifie chance).

Ugür lui fit comprendre qu'il était le bienvenu pour profiter de la piscine, boire un verre, manger à l'hôtel situé à 500 mètres et dont il était le gérant.
– Toi, pas payer, « Hosgeldeniz » lui disait-il, ce qui voulait dire bienvenue.

Jimmy s'amusait de tout. Sa félicité irradiait de son visage pourtant amaigri, ravagé par l'ampleur des travaux. Il se disait que ces gens étaient si différents par leurs valeurs, leur sens de l'entraide, cette empathie, cet altruisme qui émanait de chacun d'eux. Leur allégresse était saisissante.

Il se sentait tout simplement heureux. Il avait l'impression d'exister, d'être entouré et apprécié. Il avait changé. Fanny lui manquait.

Chaque jour, elle s'impatientait de suivre par téléphone toutes ces péripéties. Elle s'ennuyait de lui, n'était nullement effrayée à l'idée de retrousser ses manches et venir l'aider. Elle se demanda même ce qu'elle faisait encore en Belgique.

Ce soir-là, il lui raconta sa journée tourbillonnante qui semblait en tout cas plus farfelue et cocasse que la sienne. Elle commençait à se morfondre seule sans lui dans son appartement.

Aman tenait l'unique quincaillerie du coin et avait sympathisé avec Jimmy. Le langage des gestes était devenu monnaie-courante. Avec sa camionnette, presque chaque jour, il faisait un détour pour lui livrer les sacs de sable, les ciments, les outils, la quincaillerie qu'il avait besoin. Aman faisait aussi crédit.

– Ma femme arrive bientôt, argent, pas de problème, répétait Jimmy.

À ses dépens, Jimmy découvrit aussi le « Raki », cet alcool turc essentiellement à base de raisin et d'anis, cette eau-de-vie utilisée dans tous les pays du Moyen-Orient ou ayant fait partie de l'Empire Ottoman.

Son assuétude à l'alcool était toujours bien présente et allait ressurgir quand Fanny s'y attendra le moins.

Submergé par son intendance et toutes ces rencontres, il lui relatait que les plombs du tableau électrique sautaient continuellement. C'était inévitable. L'ensemble du câblage électrique torsadé de tissu était trop ancien et imprégné d'humidité. Obligé de se contenter d'une seule lampe, il la changeait de place continuellement selon la nécessité.

Quant à Fanny, elle ne pouvait plus gérer l'absence de Jimmy. Trop longue à ses yeux, elle se préparait à le rejoindre. Plus que trois jours sans lui.

Sous une pluie diluvienne, elle partit dès le matin faire ses achats de dernière minute. Vers 18 heures, trempée, grelottant de froid, affamée, elle entra dans n'importe quelle taverne pour se réchauffer. Mi-mai, il faisait toujours un froid de canard. Du soleil, enfin du soleil.

Soudain, pire qu'une tornade, elle eut droit à un ouragan, un cyclone. Son téléphone sonna. C'était lui. Ivre, il avait peine à articuler deux syllabes correctement et demanda à Fanny où elle se trouvait.

S'imaginait-il dans son esprit débridé qu'elle se trouvait en charmante compagnie ? Elle n'eut pas le temps de répondre qu'il lui avait déjà claqué le téléphone.

À peine rentrée, elle écouta le message laissé sur son répondeur. Une multitude de propos incohérents. Il la quittait, ne voulait plus jamais entendre parler d'elle, qu'elle se débrouille avec tous les travaux.

Et c'était reparti pour un tour...

Ce monologue endiablé, emporté, enragé, volcanique lui fit une fois de plus perdre pied.

Plus de nouvelles de lui, son GSM coupé, Jimmy avait disparu.

Elle resta abattue jusqu'au moment du départ. Elle essaya alors de sortir de sa torpeur, de le contacter à l'aéroport. Aucun signe de vie. Arrivée à Bodrum, elle prit un taxi et arriva à Torba. Elle découvrit avec stupeur l'ampleur des dégâts. Quant à lui, il était amaigri, faisait peur à voir. Il se tenait debout dans la chambre, ne lui adressa pas la parole. Sa valise prête à côté de lui mais il ne partit pas. Que pouvait-elle faire devant l'ampleur du sinistre ? Elle avait besoin de sa présence, de son aide pour réparer tous ces dégâts. Le soir, ils allèrent au barbecue près de chez eux. L'ambiance était plus que festive, l'alcool coulait à flot. Toute la soirée, Jimmy, agenouillé aux pieds de Fanny, lui déclara sa flamme, son amour... Ah ! On oublie tout, on continue, on aime à nouveau.

Vers cinq heures du matin, entourée de tous ces parasites qui avaient trop bu, Fanny voulait rentrer. La maison n'était qu'à cinq minutes. Quelques minutes de trop... En un clic, de amoureux, attentionné, il redevint impulsif, agressif, caractériel. Cette nuit-là, Fanny prit peur et s'enferma dans la chambre. Dénué d'empathie, il se montra cruel, totalement indifférent.

Elle l'aimait trop et préféra attribuer ces débordements à l'abus d'alcool.

Les semaines qui suivirent cette altercation, ils commencèrent pourtant à vivre en symbiose. Ils vivaient ensemble, travaillaient ensemble. On ne les voyait jamais l'un sans l'autre.

Les dommages qui avaient été la conséquence du sinistre avaient été réparés. Leurs allers-retours étaient devenus incessants, fastidieux, fatigants et coûteux.

Des jours, des semaines, des mois durant ils décidèrent de poursuivre toutes les transformations, d'aménager cette maison et en faire un petit bijou.

Il lui avait promis qu'elle aurait la maison dont elle rêvait. Il s'était engagé à réaliser seul tous les travaux nécessaires. Il n'imaginait pas la tâche qui l'attendait. Des années durant, au fil des allers-retours, de petites périodes à de longs séjours, il s'attela à la rénovation complète de celle-ci de fond en comble.

De péripéties en péripéties, ils allaient ensemble conduire selon les circonstances, leurs moyens financiers et leur disponibilité, une entreprise parfois cocasse, folklorique, contrastée de bons et improbables moments.

Les anecdotes, surprises et tribulations, allèrent se succéder. Une véritable odyssée.

– Je commence par les extérieurs et le jardin. Je vais remplacer tout le dallage des terrasses, construire des murs d'enceinte en pierres du pays, un barbecue, aménager une nouvelle allée, créer des points lumineux, des arches puis planter, bêcher, élaguer, aplanir, embellir.

L'intention était bonne, la tâche plus ardue, les dépenses imprévues et onéreuses.

Mai 2016 – Vente de la maison à Torba

Le temps défilait. Les choses changeaient, dérangeaient, stagnaient puis s'éloignaient. Le temps roulait à une vitesse que Fanny ne maîtrisait plus. Ses souvenirs tenaient ce rôle extraordinaire de coordonner ses idées, ses flash-backs, ses pensées désarticulées par le temps d'avant ou par d'autres souvenirs qui venaient se greffer.

Telles des pages auxquelles elle s'accrochait, tels des mirages desquels on ne tire plus rien. Parfois, elle tentait de tout faire pour oublier ou encore tout faire pour se raccrocher. Presque terrorisée de s'acquitter du passé.

La plupart des non-résidents, principalement anglophones, étaient déjà occupés à vendre leur bien. Les touristes se faisaient rares, en tout cas plus discrets. Bien souvent, ils restaient confinés dans leur hôtel ou club de vacances.

La politique gouvernementale était en pleine mouvance. Ses amis turcs s'en inquiétaient de plus en plus.

Fanny ne tenta pas de comprendre la complexité de ce régime. Elle avait déjà compris qu'il s'agissait d'un régime plus autoritaire, plus radicalement islamiste avec de nombreuses entraves aux libertés individuelles.

Hélas, déjà, le cours des choses avait changé.

Les relations politiques de ce nouveau gouvernement avec l'Europe n'étaient plus des meilleures.

Les conséquences n'allaient pas se faire attendre avec l'inflation. Même le coup d'Etat du 14 juillet 2016 à l'encontre de ce régime par une partie de l'armée en rébellion n'y fera rien. Instinctivement, elle comprit qu'il fallait vendre sa maison et quitter cet environnement qu'elle avait adoré.

Tout allait être, devenir, compliqué !

Au Commissariat de Police

Ce 17 mai 2017, Fanny était convoquée au commissariat de Bodrum. Elle ne présageait rien de bon. À peine entrée, elle ressentit une atmosphère pesante qui y régnait. Elle fut envahie subitement par une impression d'oppression, d'étouffement la mettant mal à l'aise.

Assise en face de ce policier qui la regardait d'un œil sombre, inquisiteur, elle n'osa plus bouger ni parler préférant faire profil bas.

Son regard glacial transperçait ses grosses lunettes tombant sur le bout de son nez. Plusieurs minutes s'écoulèrent quand soudain, de façon dictatoriale et intransigeante, il lui demanda son passeport.

Depuis trois ans, Fanny devait effectuer chaque année ces démarches fastidieuses et onéreuses imposées par le gouvernement afin d'obtenir son Ikamet, ce permis de séjour obligatoire pour séjourner en Turquie plus de trois mois consécutifs.

Fanny était tracassée. Les lois changeaient tous les six mois. Des rumeurs circulaient. De plus, il fallait soi-disant séjourner en Turquie huit mois sur une année pour obtenir le renouvellement du permis. Paraît-il, des nouvelles consignes imposées. Son avocat l'avait pourtant rassurée. Ces contraintes ne seront jamais appliquées aux propriétaires.

Le policier consulta tout à coup son ordinateur. Un silence de mort ! Un supplice ! Que faisait-il ? Que vérifiait-il ? De sa chaise, elle apercevait des dates défiler sur l'écran de l'agent scotché devant son écran.

Elle savait pertinemment bien qu'elle n'avait pas mis les pieds sur le sol turc durant huit mois consécutifs. Fanny réalisa qu'elle se trouvait face à un tyran. Soudainement, il la somma de remettre son visa qui venait à expiration dans les prochains jours, s'opposa à le renouveler et lui signifia de quitter impérativement la Turquie alors qu'elle était propriétaire depuis huit ans. Totalement livide et en panique, elle s'imaginait déjà expulsée.

Après son acquisition, les premières années avaient été tellement simples.

Sortir de Turquie en bateau, se rendre en Grèce le même jour et revenir à Bodrum le soir même suffisait pour être autorisée à rester trois mois supplémentaires en Turquie.

Un simple tampon à la douane apposé sur son Visa suffisait pour renouveler les trois mois consécutifs de séjour. Aucune autre formalité n'était alors exigée.

Il en était de même pour les charges de sa maison. Elle paya son cadastre après cinq ans de retard. Aucune amende exigée, juste un merci d'avoir régulariser.

Elle se souvenait d'un petit vieux qui lui apportait en vélo sa note d'eau et la déposait sur sa table de jardin. Elle pouvait payer quand elle y pensait. Le temps ne comptait pas. Ce n'était pas à quelques jours ou à quelques mois près. Ce temps si paisible semblait bien résolu pour se transformer en cauchemar.

Fanny essaya vainement de cacher son désarroi face à cet homme et changea d'attitude pour l'amadouer. Elle lui fit part alors de son intention de vendre sa superbe maison. Ce n'était pas tombé dans l'oreille d'un sourd. Il lui fit soudainement un grand sourire.

– Envoyez-moi toutes les photos, ça m'intéresse. Je vous trouverai un acquéreur. Dans l'administration, ils cherchent tous à acheter en bord de mer mais ce sera à « mon prix » et fixé par « mes soins » (sa commission aussi), lui disait-il.

Elle devait rester disponible pour les visites dès son appel, lui interdisait de parler aux visiteurs, aux possibles acquéreurs. En quelque sorte, il la soudoyait, lui faisait du chantage.

Et son Ikamet à renouveler dans tout ce foutoir ?

Fanny effectua quand même toutes les démarches. La liste était fastidieuse et le prix à payer aussi. Elle n'avait pas d'autre choix. Quelques semaines plus tard, elle apprit que son dossier traînait sur le bureau à la police, n'avait pas été envoyé. Seule en Turquie et livrée à elle-même, elle ne savait plus comment se sortir de ce pétrin. Cet imbroglio l'incommodait, devenait invivable, insupportable, finissait par l'ébranler.

Elle recevait par intermittence des appels du tyran l'informant qu'un visiteur anonyme venait visiter sa maison. Elle s'exécutait.

Elle visita les agences immobilières les unes après les autres. Le rythme était effréné. Sa maison était devenue un véritable moulin, une curiosité à voir, à visiter, mais pas à acheter. La nouvelle s'était répandue comme une poudre. Les soi-disant amateurs rentraient par le jardin, la terrasse, une sorte de défilé incessant du matin au soir. Il fallait descendre le prix. Une sinistrose totale. Après le coup d'Etat du 14 juillet, le marché était devenu instable, en crise. « Vendez, vendez vite, à n'importe quel prix », répétaient sans cesse ses voisins. Dans quelques mois ce ne sera plus possible.

Fanny perdait son argent, son sang-froid.

La validité de son Ikamet expiré, elle se retrouva en situation illégale. Ses papiers avaient-ils été finalement envoyés pour l'obtention de son permis ? Personne ne pouvait lui répondre. Surtout pas la police. Excédée, elle finit par se rendre à la poste. Rien ! Rendez-vous à la poste centrale ! Où ? Était-ce loin ? Fanny devenait folle, perdait patience. Fallait prendre le bus, quarante minutes de route par une chaleur accablante de juillet. Arrivée dans un hangar immense, elle ne savait pas où s'adresser. Fallait déjà trouver, parmi tous ces fonctionnaires turcs, quelqu'un qui parlait anglais. Aucune trace de son Ikamet. Allait-elle donc être vraiment expulsée ?

Après plus d'une heure de route, Fanny rentra chez elle déconfite. Sortant de nulle part, surgit alors une voisine turque qui avait réceptionné une enveloppe. Il y a des secondes dans la vie qui s'éternisent. La joie, le courage reviennent. Fanny était autorisée à rester un an. Elle tenait son Ikamet serré contre son cœur comme si elle avait peur qu'on vienne lui arracher.

Cinq mois que Fanny était en Turquie. Personne ne voulait acheter, elle s'épuisait. Elle réserva un vol, voulait rentrer en Belgique. Avant son départ, elle contrôla par hasard le carnet de vaccination de son chien. Un vaccin manquait. Elle retarda son vol. En désespoir de cause, elle confia la vente de sa maison en exclusivité à une agence immobilière de Bodrum qui lui inspirait confiance.

Sept heures du matin. La veille de son retour en Belgique, Fanny fut réveillée en sursaut. L'agence avait trouvé un acquéreur. Tout se passa très vite. Abdoula, à qui elle avait confié la vente, débarqua. Ils signèrent l'acte de vente. Coup du destin, il fallait déposer le chèque dans la même banque que le nouvel acquéreur. Une course effrénée commença. Ouvrir un nouveau compte en banque, clôturer les compteurs, signer les documents. Les heures filaient, le stress, omniprésent, envahissait, submergeait son esprit.

Cinq heures du soir, tout était clôturé. Abdoula avait été d'un professionnalisme exemplaire. Fanny ne reçut aucun accusé de réception du chèque déposé. Aucune preuve du versement. Jouait-elle à la roulette russe ? Aurait-elle l'argent sur son compte à son retour en Belgique ?

Elle rentra vers 18 heures dans sa maison, qui n'était déjà plus la sienne. Elle allait devoir tout abandonner sur place, revenir en Belgique juste avec une valise de vingt kilos. Ses meubles, sa décoration, ses vêtements, tant de souvenirs derrière elle, tout ce qu'ils avaient construit ensemble. Elle déambula toute la soirée jusqu'au petit matin dans chaque pièce, les unes après les autres, incapable de s'assoupir avant son départ.

À quatre heures du matin, le taxi était là, l'emmena à l'aéroport de Bodrum. Fanny ne se retourna pas, ne se retournera plus jamais. Elle ne reverra jamais cette maison, cet endroit qui avait baigné tous ses rêves, ses émotions mais aussi ses déceptions.

Elle se demanda alors ce qu'était le bonheur en réalité ?

Vivre ses rêves sans doute en partie mais une fois ceux-ci détruits ? Était-ce de se contenter juste de ne pas être trop malheureuse et cela déjà elle n'était pas bien sûre d'y arriver.

Il n'y avait plus qu'à être fataliste, tout deviendrait plus supportable. Il fallait tirer un trait définitif sur ce vécu. Il n'y avait pas d'autres alternatives et en assumer les conséquences.

Vendue ! Et maintenant ? se répétait-elle inlassablement.

Où aller ? Comment continuer à vivre ?

Ce parcours de vie avait-il été bien réel ou avait-elle halluciné, fantasmé, idéalisé ?

Elle fut envahie par une multitude d'états d'âmes chaotiques. Se retrouvait-elle à la case départ ? Ce sentiment de destruction dont elle avait déjà été imprégnée auparavant ressurgissait-il ?

« C'est malheureux de s'égarer. Mais il y a pire que de perdre son chemin, c'est de perdre sa raison d'avancer ».

Elle repensa à la description de son thème astral…

Incapacité à contrôler ces montagnes russes, toutes ces ruptures inattendues, brutales. Cette imprévisibilité finirait-elle par provoquer une instabilité émotionnelle, psychique, un véritable déclencheur de perturbations trop lourdes à gérer ?

Subitement, elle revit cette soirée où Jimmy, sous l'emprise de l'alcool, empoigna la casserole de sauce bolognaise, la jeta avec une violence incontrôlable sur la table de la cuisine. La casserole éclata en morceaux, quant à la sauce, Fanny en retrouva sur les murs, le plafond, les armoires. Honteuse de penser à cette scène survenue sans raison réelle, elle se demanda alors comment elle avait supporté et toléré une telle turpitude ? Elle prit peur.

Elle se sentit sombrer en un instant. Une chute vertigineuse, ses pensées englouties dans la tristesse, la détresse. Une douleur indélébile, une souffrance, une persécution de tout.

Elle avait le sentiment que ces sursauts d'émotion l'envahissaient toujours plus haut, à profusion, un chaos incohérent. Quand tout allait trop bien, pourquoi reculait-elle à chaque fois ? Était-ce lui dans sa folie démoniaque qui voulait l'anéantir ?

Elle ne pensait qu'à se ressaisir mais ses pensées s'égaraient dans trop d'obscurité. Sa vie avait-elle une cruelle propension à voir des erreurs se répéter avec une fascinante logique ? Elle préférait encore « tout et n'importe quoi » plutôt que de rester dans le statu quo. Fascinée par les perspectives de l'inconnu à venir, le futur et rebutée par le présent et le passé qu'elle trouvait sclérosé. Dans tous ces vécus, elle avait l'impression de subir à chaque fois les fatalités extérieures.

Toujours en quête d'identité, de perfectionnement, avait-elle des sentiments inhabituels, singuliers, inaccoutumés ?

Ou une tendance à l'autodestruction, une rébellion dans la démesure, une sensibilité intérieure trop forte avec des réactions impulsives ?

« Le lâcher-prise, c'est savoir accueillir le positif et en même temps le négatif, c'est ne pas ajouter de la peine à la peine, de la peur à la peur, de la souffrance où il y en a déjà par la peur d'en avoir encore plus. C'est d'être dans un accueil non pas résigné et fatidique, mais constructif, positif, pour rebondir, pour être présent et disponible pour ce qui s'ouvre à nous » (Corinne Miéville, professeur de yoga).

Souvenir, Souvenir

De découverte en découverte, de voyage en voyage, partant de chemins inconnus, Fanny et Jimmy l'ignoraient encore, avaient-ils tracé un destin qui allait les unir à jamais ?

Ce pays, ce village, cette culture, ces paysages et tant d'autres choses leur avaient apporté toutes ces différences par rapport à leur pays natal.

Changer de vie, de climat, d'habitudes mais aussi oublier leurs soucis, et avant tout se reconstruire, s'aimer pleinement, à l'unisson, tout cela s'était-il fait là-bas ? Était-ce une métamorphose ?

Entretenaient-ils une relation karmique ?

Cet amour inconditionnel qui se forme et dynamise deux personnes comme un flux d'énergie. Un lien irrésistible qui fonctionne comme une force pour guérir les blessures de la vie passée. Il est unique pour chacun et peut être très fort soit dans l'amour, soit dans le conflit, mais il est, dans tous les cas, marquant.

Ce lien est axé sur des retrouvailles entre deux âmes qui se sont connues dans une incarnation antérieure. Ce qui expliquerait que l'on peut immédiatement ressentir un sentiment de complicité, de sympathie ou même un amour intense face à quelqu'un.

La relation amoureuse et douloureuse que vivait Fanny avec Jimmy avait de fait beaucoup de chance de s'avérer karmique.

Elle avait déjà compris que sa relation était faite de rebondissements. Trop exclusive, elle ne supportait pas de se sentir délaissée. Pas par jalousie mais par besoin de l'autre, d'harmonie. Une sorte d'obsession d'être rassurée continuellement. Fanny n'assumait plus cette forme de solitude. Elle était toujours aussi enflammée, émotive, passionnée avec ce besoin de vibrer, de rester en fusion avec lui.

Oui, Fanny avait bien dû vendre sa maison, c'était inévitable mais à présent, maintenant, qu'allaient-ils faire du temps qui leur restait ? Et où aller ?

– On verra bien. On ira loin encore, je ne sais pas où, on ira, c'est tout.

– Après tout, on ne va jamais aussi loin que lorsqu'on ne sait pas où on va, lui dit-il.

Encore quelques années écoulées, remplies d'expériences inoubliables que, l'un comme l'autre, ne pensaient jamais effacer de leur mémoire.

C'était un jour comme un autre, rempli de clarté, chaud peut-être aussi. Hélas, un de ces derniers jours avant de quitter leur village d'adoption.

Ils étaient côte à côte, main dans la main, assis sur une vieille banquette en bois patinée par le temps et brûlée par le soleil. Ils prenaient un café comme à leur habitude « chez Fatma », ce petit resto-bar de charme, authentique, typique qu'ils chérissaient tant.

– Te souviens-tu ? lui dit soudainement Jimmy. Te souviens-tu de tout ?

Tous deux riaient, parlaient tour à tour se coupant la parole, s'interpellaient, échangeaient leurs souvenirs communs au fil des heures qu'ils ne voyaient plus passer.

De temps à autre, un seul regard leur suffisait pour se comprendre.

Ah ! Nostalgie quand tu nous tiens.

De temps à autre, une larme perlait des yeux bleus-océan de Fanny le long de sa joue. Délicatement, Jimmy, ému lui aussi, essuyait cette larme de la paume de sa main.

La Turquie, ils l'avaient découverte lors d'un premier voyage à Kusadasi quelques années auparavant. De ce voyage, naîtra chez eux cette envie irréversible, incontrôlable, de s'installer ici ou ailleurs, mais au soleil.

Ce matin-là, emballés, excités, ils quittèrent l'hôtel précipitamment. Ils avaient réservé une escapade en Grèce par bateau pour la journée sur l'île de Samos. Dès leur arrivée, ils se mirent à explorer les lieux, grimper quelques collines et restèrent enlacés sur un banc bleu en bord de mer. Ils se disaient qu'au final il n'y avait pas grand-chose à visiter.

Les sots, ce genre de confusion n'arrivait qu'à eux. Ils n'étaient pas au bon endroit. La vieille ville de Samos était de l'autre côté de la colline. Trop tard, ils étaient déjà épuisés et accablés par la chaleur torride. Assoiffés, ils aperçurent au loin un bar de plage…

Dans leur hâte excessive, ils avaient même oublié de prendre un peu d'argent de poche. Jimmy, décontenancé, vit soudain Fanny courir au bar de plage. Quelques minutes plus tard, il l'aperçut, le sourire triomphant, revenir avec de l'eau, des cafés, de la moussaka et des pâtisseries.

Jimmy ne comprit jamais comment Fanny, sans un sou en poche, avait réussi en quelque sorte à soudoyer le patron de l'établissement.

Il se dit alors que Fanny était une femme pleine d'allant, de charme, imprévisible, unique. Était-il tombé amoureux au point qu'il n'envisageait même plus sa vie sans elle ?

La plupart de leurs fins de soirées, ils restaient attablés chez Fatma. Ils aimaient se remémorer leurs autres folles aventures cocasses. « Chez … », cela leur rappelait leur jeunesse, cette autre époque, d'un autre genre, ces années 60 et 70 où tout paraissait si facile et plein d'insouciance. Tous ces petits bistrots, cafés, bars dont les enseignes portaient si souvent le nom de leur tenancier comme dans la chanson de Michel Delpech « Chez Laurette ». Aujourd'hui, c'est plus anonyme, quelconque, banal : « Le Gourmand », « Le 122 », « L'atelier », « Le Beef Bar »…

Ce charme d'antan chez Fatma, ils l'avaient retrouvé dans ce jardin agrémenté de tant de variétés de plantes, de fleurs, de murs enrochés et de rocailles, de ses allées parsemées de senteurs d'épices sauvages. Le soir tombait déjà, le fluide étroit des derniers rayons de soleil blondissait la peau hâlée de Fanny. Elle était belle.

Ils ne purent résister à commander une brochette de poulet. Les senteurs du barbecue les avaient envahis.

– Du poulet, s'exclama Fanny en riant aux éclats, comme les poulets de Marrakech !

Fanny se souvint subitement qu'ils préféraient manger la plupart du temps sur le pouce, dans ces petits restos sans prétention, ou en bord de rue, ces délicieuses grillades de poulet, de bœuf ou d'agneau cuites sur demande sur des « canoun », ces petits braseros métalliques.

Jimmy et Fanny raffolaient de ces mini-trips improvisés.

Elle sortait de son quotidien, de sa grisaille, inlassablement à la recherche de variété, de fantaisie, de couleur que Jimmy lui apportait durant toutes ces pérégrinations rocambolesques.

Au cours de ces voyages, hors du temps, elle avait le sentiment qu'une alchimie s'opérait à chaque fois entre eux.

Comme une enfant, ses yeux s'illuminèrent. Elle avait raffolé de cette escapade improvisée, subite, au cours de laquelle Jimmy l'emmena découvrir tout ce dont elle rêvait. Marrakech restait pour elle une destination mythique et envoûtante.

Ce jour-là, en moins de quelques heures, Fanny se retrouva avec lui à la Place Jemaa el-Fna, point de repère incontournable de Marrakech qui offrait inlassablement un spectacle fascinant, une animation incessante dont elle se délectait à chaque fois. Elle atterrissait ensuite au Café de France ou au Café Argana pour contempler cette vue imprenable dont elle ne se lassait pas.

Comme deux adolescents fascinés de découvrir tant de féerie, ils découvrirent Marrakech ensemble. Ils furent instantanément séduits par cette ville magique. Instinctivement, ils faisaient abstraction du temps pour se plonger dans un autre temps, oublier notre temps, se replonger au Moyen-âge avec la Médina, ses charrettes à bras, ses métiers ancestraux, les charmeurs de serpents, les cracheurs de feu et déambuler dans la vieille ville. Le spectacle de la rue était déjà à lui seul un ravissement permanent envahi par toutes ces couleurs, ces odeurs, ces marchés qui regorgeaient de denrées alimentaires, d'artisanat, sans oublier le marchandage que Fanny avait en horreur et au cours duquel Jimmy s'amusait de vouloir échanger Fanny pour quatre chameaux. Il s'amusait de toutes ces espiègleries. Il était un véritable boute-en-train, hurluberlu, jovial, fantasque, vivace, clownesque.

Fanny vivait alors avec lui des moments magiques, un véritable tourbillon. Épanouie, elle était amoureuse.

Fana de souks, Fanny se régalait dans les cavernes d'Ali Baba à passer des heures à farfouiller pour découvrir des nouvelles épices, des huiles essentielles ou quelques objets insolites qu'elle dénicherait.

Fanny préférait le charme de la Ville Rouge, envoûtante et pleine de contrastes qui représentait pour elle ce qu'elle cherchait déjà inconsciemment : un dépaysement total ! Elle préférait loger du côté de La Médina dans un riad authentique que de se loger dans le quartier moderne du Guéliz ou de l'Hivernage, un quartier à son goût trop résidentiel, moderne, d'affaires et bordé d'immeubles.

À la fin de chaque séjour, elle se plongeait dans « son nuage de vapeur » comme elle aimait l'appeler, cette atmosphère feutrée, cet hammam tant attendu, qui lui enlevait son stress pour ensuite s'abandonner aux mains des « frotteuses » qui à l'aide d'un gant noir, débarrassaient son épiderme de toute sa peau morte, lui apportait une sensation de relaxation sensuelle dont elle raffolait. Son thé à la menthe, son rituel sacré avant de replonger dans la vie réelle, ce tumulte de la vie d'aujourd'hui qu'elle n'aimait plus, ce qui n'était pas nouveau.

Fanny ne manquait jamais de faire un détour obligé à la palmeraie, une féerie incomparable surtout au coucher du soleil et admirer ces palmiers (elle ne savait pas encore que trois palmiers surplomberaient sa maison en Turquie) son arbre préféré. Pour elle, un arbre providentiel exploité de multiples façons.

Elle chérissait la cuisine marocaine, parfumée, colorée qui offrait une infinie variété de saveurs, d'originalité, la finesse, la magie des épices, ce subtil mariage qui reste le secret des cuisinières marocaines où cumin, safran, curcuma, gingembre, paprika, coriandre et bien d'autres ingrédients se mélangent subtilement. Fanny raffolait de cette délicate alliance des contrastes sucré-salé, de la « pastilla » ce gâteau de feuilles de brick farci aux agneaux, aux pruneaux, aux abricots, aux coings, aux poires, aux dattes sans parler du couscous et du tajine.

Devant une telle fascination, cette folie pour toutes ces couleurs enchanteresses, cette passion pour les tadelakt, les lampes qui créaient une ambiance qui la ravivait, Fanny devenait captivée de décoration, de peinture. Déjà, elle cherchait où se poser là où cette féerie serait omniprésente dans son quotidien.

Cette année-là, ils terminèrent par une escapade à Essaouira.

À chaque fois, le retour à la vie normale était rude et ombrageux.

Changement de Cap

Après son départ de Turquie, d'itinéraire en itinéraire, dans le sens étymologique ou figuré du mot, de pays en pays, de voyage en voyage, de vacances aussi, Fanny était toujours à la recherche de son « Jardin d'Eden ».

Un jour enfin, trouvera-t-elle son chemin ? Une destination finale où se poser en quête d'absolu, de quiétude, de paix, d'un amour stable et inconditionnel. D'une vie simple, faite de toutes ces petites choses de la vie qui puissent l'égayer. Elle avait passé tant d'épreuves, souffert parfois, malheureuse comme heureuse. Elle était consciente que sa vie approchait de plus en plus vite d'un coucher de soleil.

Que chaque aube, chaque jour, chaque crépuscule était à vivre, jour après jour comme un dernier jour. Elle avait suffisamment laissé de temps à ce temps et le temps à présent elle le comptait.

Tous ces automnes, ces hivers derrière elle, elle était résolument décidée à profiter des étés à venir.

Mais combien en restaient-ils ?

Allez au diable chagrins et incertitudes, au revoir tristesse, enterrez les regrets et les remords. Oubliez les volcans en feu et les cicatrices d'anciennes brûlures.

Le bonheur est là, devant elle. Elle ira à sa rencontre avec Jimmy au caprice des vents, des courants, des mers et des rivières. Qu'importe ! Les étoiles les guideront.

Son destin, c'est la promesse de nouveaux parfums, de nouveaux paysages et horizons.

La vie a repris ses droits et Fanny aussi. Elle a fini de s'ennuyer de ses ennuis. Ce bonheur, elle l'a mérité puisque l'espoir ne l'a jamais quitté tout comme l'envie d'avoir envie, comme l'envie de rester en vie.

À Jimmy,
Je t'aime d'une manière inexplicable, de nature inavouable, de façon contradictoire.
Je t'aime avec mes états d'âme qui sont nombreux.

Je t'aime avec ce monde que je ne comprends pas, avec ces gens qui ne saisissent rien de moi, avec l'ambivalence de mon âme, l'incohérence de mes actes, la fatalité de mon destin, l'ambiguïté de ma vie.
Même quand je dis que je ne t'aime plus, je t'aime.

Sans réfléchir, inconsciemment, irraisonnablement, spontanément, involontairement, instinctivement, par impulsion, irrationnellement, je n'ai pas d'arguments logiques, mêmes improvisés, pour expliquer cet amour que je ressens pour toi, qui a émergé mystérieusement de nulle part, je sais juste que je t'aime...
Il lui répondit :
Mon amour,
« On n'est ce que l'on fait ».

Ce que l'on a été surtout en ce qui me concerne a moins d'importance, il est passé.

J'ai souffert comme toi, j'ai connu les affres de la vie comme toi et autant de moments de bonheur aussi.

Ainsi va la vie, comme un volcan éteint, endormi dans ses draps de cendres grises, puis qui s'embrase et illumine tout un ciel de ses rivières rougeoyantes et incandescentes.

Oui, comme un volcan tout autant magique et féérique que dangereux et imprévisible dont les morsures, les brulures ne vous quittent jamais.

Des remords, des regrets, j'en ai eu tant que je ne peux tous les compter. Aujourd'hui, il ne m'en reste plus qu'un seul, celui de ne pouvoir tous les oublier.

Ma deuxième vie sera avec toi ma Princesse. Ensemble, nous allons tout faire pour profiter des années qu'ils nous restent. Tant de chemins et d'horizons sont à découvrir. Ce ne sera pas tous les jours facile mais les routes difficiles nous conduisent souvent aux plus belles destinations, ce dernier refuge où enfin s'installer vraiment et ne plus vagabonder d'itinérances en itinérances.

Je souhaite à présent ne te conjuguer qu'au présent et au futur car ce présent m'est précieux pour construire un avenir encore meilleur, un amour inconditionnel.

Je te promets de ne jamais te quitter, de t'aimer jusqu'à la fin de mes jours et ne plus boire une goutte d'alcool.

Et cette promesse est une certitude. Je ferai ce qu'il faut pour que notre bonheur soit sans plus de faille. Je t'aime ma puce, un point c'est tout.

Cette promesse, Fanny l'ignorait encore... La tiendra-t-il ?

Quelques années s'étaient écoulées. Jimmy ne buvait plus. Il lui avait promis non pas d'être un autre homme mais un homme différent, meilleur, de grandir, de se reconstruire, de ne jamais la quitter, de la rassurer, de l'accompagner et de tout partager.

Il s'était appliqué et avait réussi son dessein simplement parce qu'il l'avait décidé.

Rentrés en Belgique, provisoirement sans doute. Ils furent envahis de nostalgie, de regrets. Rien ne sera plus pareil. La

Belgique, leur pays natal paraissait trop triste et gris comme son climat, désespérément banal.

Partir, partir à tout prix, repartir, tout recommencer. Du soleil, la mer, des contrées encore sauvages, des collines verdoyantes, des villages rustiques, un confort de vie à l'occidentale à des prix accessibles, voilà quelle était toujours leur quête.

Oui, mais comment faire et où aller ? Ils n'étaient pas riches.

Tenerife trop loin, le Maroc trop différent de leur culture et leurs usages. L'Asie, l'Indonésie, on n'y pense même pas, l'Amérique ou toute autre île paradisiaque inaccessible. Même la Grèce, un seul dialecte.

Il restait à faire un choix dans l'Europe du Sud : l'Espagne, le Portugal et l'Italie peut-être. Après quelques mois de recherche, de fil en aiguille, sans plus savoir trop comment, ils se retrouvèrent sur l'une de ces côtes méditerranéennes dans une petite ville dont l'appellation évocatrice « La Perle » à elle seule justifiait déjà leur désir de s'installer. Ils décidèrent tous les deux d'y séjourner quelques jours et trouvèrent rapidement un petit hôtel de charme. L'endroit était paradisiaque.

Pas gagné d'avance ! Ils en étaient conscients. Les prix des maisons et des appartements, principalement en bord de mer, proches des commodités et accès routiers étaient inabordables.

Chercher, chercher encore...

Et c'est reparti pour un tour, un tour de manège incessant, un de plus, un dernier par pitié !

Un brin de fraîcheur

Belle, belle, belle... comme le Jour,
Belle, belle, belle... comme l'amour,
Belle, belle, belle... de jour en jour.
Plus que trois jours. Fanny trépignait d'impatience. Son opération esthétique était enfin planifiée.

Elle se sentait tout d'un coup presque abîmée par le temps et les vicissitudes de la vie malgré qu'elle conservait une ligne parfaite et ne paraissait pas son âge. Mais les contours de son visage devenaient moins nets, voire flous, affaissés, la mettant subitement mal à l'aise. Son visage portait les stigmates du temps, perdait de son élasticité, de fermeté. Elle remarqua que l'affaissement de sa peau, l'apparition de bajoues devenaient de plus en plus prononcés. Plusieurs fois elle avait fait des injections d'acide hyaluronique, produit soi-disant miracle du comblement des rides. Après plusieurs séances, le résultat restait insignifiant, lui donnait plutôt des bas-joues de bébé joufflu mais aucune amélioration flagrante pour finalement dépenser beaucoup d'argent. Elle dut se rendre à l'évidence. Le relâchement cutané devenait trop visible lui donnant même un air triste.

Fanny croyait au hasard des rencontres, disait toujours : « Il faut rester attentive, saisir les opportunités ».

Cette façon de penser lui avait souvent réussi.

Peu importe où ils se trouvaient, chaque matin, Fanny et Jimmy aimaient prendre leur café en tête-à-tête à l'extérieur dans un endroit tranquille et feutré. Ce moment privilégié était du pur bonheur qui pouvait s'éterniser des heures. Depuis 16 ans qu'ils se connaissaient, ils ne se lassaient pas de se parler, de s'écouter. Jimmy était toujours aussi loquace, un éternel bavard. Fanny adorait l'écouter. Elle se sentait alors seule au monde avec lui.

Depuis plusieurs jours, ils remarquèrent un couple à côté de leur table qui semblait bien sympathique. Instinctivement, ils entamèrent la conversation.

– Et toi Cathy, que fais-tu ? lui demanda Fanny.

Cette assistante en chirurgie exerçait dans une clinique privée spécialisée dans la reconstruction du visage des grands brûlés. Ces écorchés vifs qui la plupart du temps étaient transportés en urgence à l'hôpital des « grands brûlés », afin de soigner, soulager leurs blessures, leurs cicatrices douloureuses, voire destructrices ou encore retrouver une physionomie humaine.

Au premier coup d'œil, Fanny avait été séduite par cette femme étrange.

Elle travaillait dans un cabinet privé de chirurgie esthétique depuis des années, lui parlait des nouvelles techniques, des traitements révolutionnaires.

Fanny captivée, séduite, prit un rendez-vous. Elle avait déjà pensé redessiner l'ovale de son visage et du cou mais où aller ? Il lui fallait un feeling, un ressenti pour se sentir rassurée. Instinctivement, elle savait que cette chirurgienne serait le bon choix.

Après une visite éclair, elle était convaincue. Elle ne fût nullement paniquée d'apprendre que l'incision et le décollement de la peau seraient effectués devant et derrière les oreilles pour se terminer dans la nuque.

L'importance du décollement cutané dépendrait du relâchement des tissus. Le résultat serait naturel comme elle le voulait, les muscles remis en tension, l'excès de peau enlevé.

Fanny écoutait, enregistrait tous les détails, se disait que le meilleur résultat serait celui qui ne se voit pas. Le plus beau compliment que l'on pourrait lui faire : « Tu as l'air reposée, mais je ne sais pas ce que tu as fait ! »

L'intervention fut une expérience délectable. Elle avait été accueillie comme une princesse dans cette petite clinique privée, se sentit, dès son arrivée, en parfaite harmonie avec elle-même.

Deux heures plus tard, allongée dans un fauteuil chauffant, assoupie, elle sortait doucement de sa torpeur, sa tête emmaillotée comme un œuf de Pâques, une musique douce la berçait.

L'anesthésiste lui apporta une tasse de thé. Elle ronronnait, se disait : « c'est fait, je l'ai fait », avec une satisfaction délicieuse. Fanny avait opté pour une anesthésie locale et l'administration de tranquillisants par voie intraveineuse.

Elle ne ressentait ni douleur, ni tiraillement. Elle se leva, se regarda alors dans la glace, ne remarqua aucun gonflement, aucune ecchymose grâce à la prise d'arnica. Le résultat était remarquable.

Elle n'aperçut aucune altération de ses mimiques, la peau et les muscles bougeaient ensemble. Ce lifting était discret, la rajeunissait de 10 ans, donnait un effet harmonieux à son visage. Sa peau avait été retendue naturellement, l'excédent cutané au niveau du cou et des bajoues avait disparu. L'intervention n'avait en rien modifié l'aspect de son visage.

Une semaine plus tard, Fanny se réchauffait dans la douceur de son bain à la senteur du jasmin dont elle aimait tellement l'odeur. Autorisée enfin à retirer ses bandages de momie, rincer ses cheveux imbibés de sang. L'eau du bain ressemblait à une mare de sang pire que si son crâne avait été fracassé. Elle se lava les cheveux, se maquilla légèrement. Fanny ne se lassait pas de se regarder. Elle n'avait pourtant rien de narcissique, elle éprouva juste un bien-être indescriptible qu'elle ne voulait partager avec personne sauf avec elle-même.

L'emprise du temps

Ce 20 août 2021... 17 ans s'étaient écoulés depuis leur rencontre.

Fanny reçut un mail de Jimmy :

À ma Princesse,

Le temps n'a pas d'emprise sur nous. Notre amour inconditionnel restera éternel, partagé, pérenne. Je serai toujours là pour toi et je t'aimerai jusqu'à la fin de vie.

Je n'ai pas cherché à forcer mes sentiments, le temps et toi avez fait de notre union une évidence et me voilà aujourd'hui noyé de tout ton être.

J'avais tout perdu, même l'espoir. Mes doigts et mes mains vides et mon cœur brisé.

Mais tous ces vides, ces creux, ces espaces perdus étaient en attente d'une autre personne pour les combler et te voilà.

La distance nous sépare parfois, elle ne nous éloigne pas pour autant, bien au contraire.

Tout me ramène à toi. Je t'aime pour ce que tu es, avec tes complexités, tes particularités et toutes tes qualités.

Si je pouvais revivre ma vie et avec ce que je sais d'elle à présent, je t'aurais trouvée plus tôt et ainsi j'aurais pu t'aimer plus longtemps.

Je connais tes chansons préférées, tes souvenirs, tes luttes, tes souffrances et tes espoirs.

Je connais tes goûts, tes envies, tes yeux, ton sourire. Je connais ton âme. La mienne veut la rejoindre, te rejoindre.

Je t'aime, un point c'est tout.
Je t'aime, c'est ainsi, une certitude.
Je t'aime, je ne pourrais faire autrement.
Love, ma Princesse.

Quelques mois plus tard...

Fanny et Jimmy avaient emménagé sur une de ces côtes méditerranéennes dont l'appellation évocatrice « La Perle » à elle seule justifiait leur désir de déménager et s'y installer.

Jimmy aperçut une petite bijouterie de style vintage. Il y régnait un désordre enchanteur, presque ordonné. Une étrange boutique à la « Ali Baba ». Instinctivement, il s'empressa d'acheter deux bagues de fiançailles.

– Nous voilà fiancés, ma Princesse. Après tant d'années, fiancés avec la vie, à notre destin et comme seul vœu et engagement celui de sceller notre amour.

Jimmy lui promit de mettre tout en œuvre pour ne plus laisser seule sa Princesse. Des allers-retours incessants ?

Le destin dessine sans doute les traits de notre vie. Quant à Fanny et Jimmy, ils avaient décidé de la colorier.

Mais allaient-ils la colorier définitivement et ensemble ?

Épilogue

À mon frère Patrick Roegiers

À « mon théâtre de Guignol » comme je t'appelais durant mon enfance.

Voilà, je l'ai écrit mon roman et jusqu'au bout !

J'ai suivi tes conseils :

– Bon, c'est bien d'écrire, mais il faut de l'obstination et de la régularité, au début ça va et puis on cale, je ne lis rien par principe, mais je peux te donner quelques conseils :

– Sois toi-même, écris comme tu es et pas comme tout le monde.

– Ne demande JAMAIS l'avis de personne, c'est la pire chose à faire !

– Ne montre rien, surtout pas, garde ça pour toi, c'est un secret entre toi et ce que tu écris.

– Ne te relis pas et va jusqu'au bout (c'est long) sans te relire, tu reliras après, c'est autre chose...

– Lorsque tu écris, n'épuise pas toute la matière le jour même, garde-en un peu pour le lendemain et essaie d'avoir un début pour la suite, comme ça tu peux recommencer avec une idée de départ.

Ce sont des conseils simples mais efficaces. Si tu les suis (ce n'est pas facile), ce sera déjà pas mal.

Voilà, bonne chance, bon courage, et surtout, bon amusement.

J'ai lu ton dernier livre « Ma vie d'écrivain » pour essayer de comprendre mieux qui tu étais et appréhender la signification des moindres mots que tu couchais sur papier.

À travers mon livre, j'ai découvert comme tu le dis toi-même, « écrire n'est pas une punition mais un plaisir » même si mon roman n'a pas la plume d'un écrivain avéré.

J'ai aimé ce que j'écrivais et j'ai témoigné avec sincérité mon ressenti de tous ces parcours. Certains passages étaient difficiles à revivre. Je me demandais chaque jour comment j'allais trouver les mots. J'ai persévéré durant des mois sans me démotiver. J'ai commencé par le début, mettre des mots, mot par mot, phrase par phrase sur des feuilles de papier éparses et puis je recommençais le lendemain, jour après jour, chaque jour.

C'est déjà ça, tu m'auras transmis le plaisir d'écrire.

Suis-je si différente de toi ? Je ne le pense pas. Nous avons la même sensibilité.

J'ai appris aussi à rester seule, à vivre dans la solitude, en autarcie jusqu'à me demander comment j'avais atterri où je vis à présent.

À travers mon roman, j'ai tenté de comprendre qui j'étais, d'où je venais et surtout comment les choses et les événements se sont enchainés depuis mon adolescence après ton départ.

Ah ! La Vie de Famille !

Comme tu l'écris… *Plus de souvenirs ! Point d'avenir !*

Comme disait Jean Gabin : « Je sais ».

« Je sais que je ne saurai jamais ».

Je n'appartiens à aucune famille, je le sais maintenant.

Il me reste ce rêve que tu décris et que j'ai aussi fait si souvent durant mon adolescence et même à l'âge adulte, « *des délires insomniaques* » comme tu les décris, un cauchemar récurrent qui me hante aussi.

J'étais perdue dans le noir, je cherchais mais ne trouvais plus où j'habitais, comment regagner mon chez moi, égarée à travers les rues, pas de numéro, pas d'argent, complètement seule, dans les ténèbres, plus de repères.

Je voulais rentrer chez moi mais je n'avais pas de chez moi.

Je me réveillais alors en sursaut, en sueur, seule chez moi, prête à hurler. Ce rêve était si précis, si angoissant qu'il reflétait la réalité.

Je n'ai pas échappé à notre histoire.

Pourtant, je sais que je reste ta sœur, que nous sommes liés par les liens du sang.

Je voudrais juste encore te dire... Tu m'as manqué... Cela au moins je le sais.

Oui je le sais !

Fanny.

Tous droits réservés.

L'auteur

Eveline ROEGIERS

novum MAISON D'ÉDITION POUR NOUVEAUX AUTEURS

Évaluez
ce livre sur notre
site!

www.novumpublishing.fr

HERZ FÜR AUTOREN A HEART FOR AUTHORS À L'ÉCOUTE DES AUTEURS MIA KAPΔIA ΓΙΑ ΣΥΓΓP
JÄRTA FÖR FÖRFATTARE UN CORAZÓN POR LOS AUTORES YAZARLARIMIZA GÖNÜL VERELIM SZÍ
JORE PER AUTORI ET HJERTE FOR FORFATTERE EEN HART VOOR SCHRIJVERS TEMOS OS AUTO
ERZÖINKÉRT SERCE DLA AUTORÓW EIN HERZ FÜR AUTOREN A HEART FOR AUTHORS À L'ÉCOU
RAÇÃO ВСЕЙ ДУШОЙ К АВТОРАМ ETT HJÄRTA FÖR FÖRFATTARE Á LA ESCUCHA DE LOS AUTOI
EURS MIA KAPΔIA ΓΙΑ ΣΥΓΓΡΑΦΕΙΣ UN CUORE PER AUTORI ET HJERTE FOR FORFATTERE EEN
ARIMIZA GÖNÜL VERELIM SZÍ KET SZERZŐINKÉRT SERCE DLA AUTORÓW EIN HERZ FÜF
OR SCHRIJVERS NO CORAÇÃO ВСЕЙ ДУШОЙ К АВТОРАМ ETT HJÄRTA FÖI

L'autrice

Eveline Roegiers a connu les tourments de la vie, emplit de rebondissements la menant ainsi au fil des années vers des horizons plus prometteurs et apaisés. Son roman est entièrement inspiré de sa vie personnelle et se veut en partie une fiction. Imprégnée de ses souffrances elle s'épanouira pourtant au travers de ses voyages, de ses rencontres, d'un nouvel amour.

novum 📖 MAISON D'ÉDITION POUR NOUVEAUX AUTEURS

La maison d'édition

Qui arrête de progresser, arrête d'être bon!

En se basant sur notre slogan, c'est notre désir de trouver de nouveaux manuscrts et de les faire publier. Depuis plusieurs décennies déjà, nous avons donné nos cœurs aux livres et nous nous engageons pour chacun de nos auteurs et chaque livre personnellement.

Nous faisons pour chaque manuscrit une relecture en quelques semaines. La relecture est gratuite et sans engagement.

Pour plus d'informations sur notre maison d'édition et nos livres, reportez-vous à notre site:

www.novumpublishing.fr